Unseren Geschäftsfreunden
zugedacht

Nordstern
Colonia

Salzburg,
Stadt und Land

Salzburg,
City and Province

Salzbourg
la Ville et le Pays

SALZBURG
STADT UND LAND

Einleitender Essay
von Rudolf Bayr

Fotos
von Hans Bohaumilitzky, Hella und
Erik Pflanzer, Wolfgang Retter,
Erwin Walkner u. a.

Zeichnungen
von Reiner Schiestl

Gestaltet
von Jochen Pabst

Pinguin-Verlag, Innsbruck

Fotografen und Bildstellen

Hans Bohaumilitzky 40/41, 43, 51, 53 (3, 4), 114; Erik Pflanzer 78, 101 (4), 108, 110 (1, 4, 5); Hella Pflanzer 45 (2), 56 (1, 2), 60, 63, 64 (1), 65 (3), 66 (2), 68 (1), 69 (2), 70, 74 (3), 84/85 (1, 4), 86, 87, 96/97 (2), 101 (3), 102 (1), 107, 111 (3), 112, 113, 120, 121, 122, 123, 127 (3); Herbert Pirker 75, 104; Wolfgang Retter 118/119, 124, 126, 127 (1, 2), 128; Kurt Roth 37, 38/39, 41 r. o.; 42, 44, 45 (3, 4), 46/47, 49 r. o., 50, 52, 53 (2), 54, 55, 56 (3), 58, 59, 64 (2), 66 (1), 67 (3), 69 (3, 4), 73, 74 (1, 2), 76/77, 79, 80, 83, 85 (2, 3), 88, 89, 96 (1, 3), 97 (4), 102 (2), 102/103 (3), 109, 110 (2); Photo Schaffler 46 (2); Erwin Walkner 90, 93, 94/95, 98/99, 100/101 (1), 101 (2), 125.

Für die Unterlagen zur Ergänzung der „Daten aus Salzburgs Geschichte und Kultur“ dankt der Verlag dem Magistrat der Stadt Salzburg, Abt. Dokumentation.

Auflage 1993

Übersetzung ins Englische: Jacqueline Schweighofer
Übersetzung ins Französische: Fred Geets

Die Aufnahmen von Kurt Roth wurden
mit der Kamera Pentax 645 gemacht

Druck- und Bindearbeiten: M. Theiss, 9400 Wolfsberg
Farbreproduktionen:
Ifolith, Fotolitho, Innsbruck
Printed in Austria
ISBN 3-7016-2193-4

Inhalt

Salzburg, Stadt und Land

Weitum, obschon nicht überall, weiß man, daß man nicht weiß, wo es ist, wenn einer sagt, er habe ein Geschäft zu besorgen in Salzburg, ein Haus, eine Liebschaft. Denn Salzburg heißt die Stadt und zugleich das Land ringsum, bis es seine Grenzen hat gegen Tirol und Kärnten und Steiermark und Oberösterreich und Bayern, ja sogar gegen Italien in einem vergleichsweise winzigen Punkt, der vornehmlich wichtig ist für Hirten und Zöllner und Schafe.

An solcher Gleichnamigkeit leidet auch Wien, obschon mit dem Unterschied, daß es sich jeweils als Land oder Stadt ausgibt, gerade wie es opportun, Wien ist Wien, es vermag nicht, sich von sich selbst zu unterscheiden, und wenn ein und derselbe Mann einmal als Landeshauptmann und einmal als Bürgermeister auftritt, dann ist das eben so ein Theater, das Wien auch jenseits der Bühnen zur Theaterstadt macht. Daß in Salzburg das Land so heißt wie die Stadt, ist begreiflich, da es kaum jemals mehr war als ertragreiche Umgebung für den Fürsten in seiner Residenz. Einzig er hatte bestimmende Macht, geistliche und weltliche, wobei jene immer wieder der Stützung durch diese bedurfte, dergestalt zuweilen sogar das Ritual ausgesetzt war: so hatte beispielsweise Erzbischof Ladislaus 1266 in Salzburg feierlich einziehen können, obschon er weder zum Priester noch zum Bischof geweiht war, und Ernest, Prinz von Bayern, mußte 1554 überhaupt dem erzbischöflichen Stuhl entsagen, da ihm zehn Jahre nicht ausreichten, die höheren Weihen zu empfangen.

Metaphysisch ausgerichtete Spiritualität war durchaus nicht aller dieser Herren vorzüglichstes Teil, Nächstenliebe versteht ein jeder in dem Sinne, daß er selbst sich der Nächste ist je Fall, und ihre Feindesliebe bezeugen verbrannte Juden, mehr als dreihundert an der Zahl, und der Endloszug der ausgetriebenen Protestanten.

Zu dem Pogrom war es 1404 vor der Kirche in Mülln gekommen, weil ein Kirchendieb, gefaßt, gestanden hatte, Juden Hostien gegeben zu haben, die sie mit Nägeln durchbohrt hätten, Christus ein zweites Mal zu töten.

Am 9. Dezember 1684 wurde den Defreggern der Ausweisungsbefehl Erzbischofs Max Gandolf verlesen. Schon vier Tage später zog die erste Schar nach Augsburg. Kinder unter fünfzehn Jahren wurden ihren lutherischen Eltern abgenommen, um sie unter katholischer Vormundschaft erziehen zu lassen. Ab der Jahrhundertwende soll dann Ruhe gewesen sein im Tal, offenbar die gleiche Ruhe, welche die zwanzigtausend hinter sich gelassen hatten, die am 31. Oktober 1731 vom Emigrationsmandat Erzbischofs Leopold Anton betroffen worden waren. Weder zu beweisen noch zu widerlegen die Vermutung, daß der immaterielle Verlust dieser Gewalttat nie mehr hat ausgeglichen werden können.

Es fördert gewiß nicht das Verständnis der Geschichte, wenn die Generation der jeweils Lebenden nach ihrem Meter der Vergangenheit Maß nimmt, allein an Dekalog und Wort Christi sollte sich nicht das versuchen, was recht geistlos Geist der Zeiten heißt, es kann nur des Teufels sein, einen Menschen in Gottes Namen zu töten.

Nun ist einzuräumen, daß Aufstand und Widerstand der Protestanten 1525 und 1526 bis in die Tage Max Gandolfs gleich religiös wie politisch, weil sozial motiviert waren. Da hat denn dann immer der weltliche Fürst den geistlichen in sich beurlaubt, was ihn nicht allzusehr behelligt haben wird, landfremd wie ein jeder war, Erzbischof Friedrich von Walchen im

13. Jahrhundert ausgenommen. Glücklich die geistlichen Ahnherren des Landes, Rupert (696–718) und Virgil (745–784), sie waren heiligmäßig und demnach heiliggesprochen, widerstanden ihnen doch nur Wälder und Sümpfe.

★

Man sagt, Salzburg, die Stadt, sei schön. Man sagt das auch vom Land. Die Stadt jedoch hat dafür Georg Trakl zum Zeugen. Er überschrieb eines seiner Gedichte: Die schöne Stadt. Es macht einen Unterschied, ob man sagt, Salzburg ist schön, oder ob man Salzburg nachsagt, die Stadt sei schön. Das eine ist wahrgenommene Schönheit, das andere geglaubte: man sagt, man hört, daß Salzburg schön sei. Die Nachrede, das Gerücht wird in der Werbung zum Versprechen. Prospekte haben ihre eigene Wahrheit. Salzburg betreffend, was sich auch sonst empfiehlt, überprüfe man sie von einem der Stadtberge aus oder einem der nahen Umgebung: vom Mönchsberg, vom Kapuzinerberg, vom Gaisberg.

Georg Trakl könnte heute sein Gedicht nicht mehr so überschreiben. Salzburg, die Stadt, von der Alexander von Humboldt urteilte, sie sei eine der drei schönsten dieser Welt, scheint ein Rest aus Geschichte, gefaßt und umklammert von Festungs- und Mönchsberg und dem Ufer der Salzach. Sie bewahren Züge des vererbten Bildes. Jenseits, zuunterst des Kapuzinerberges, muß der Spürsinn nachhelfen, des Mittelalters in der Steingasse habhaft zu werden. Alles andere ist neunzehntes und zwanzigstes Jahrhundert und deren Übermut.

Im Jahre 1861 wurde Salzburg als Festung aufgelassen, 1866 waren Wälle, Gräben, Schanzen und Tore der Stadt übereignet worden. Geschäftsorientierter Bürgersinn sorgte für rasche Demolierung der habsburgischen Mitgift; die überlieferte Gestalt wurde zum nutzbaren Areal, zugkräftiges Beispiel mutmaßlich den Urenkeln der Zeit nach dem Zweiten Weltkrieg, die es allerdings, dank Beton nunmehr und neueren technischen Verfahren, nachdrücklicher schafften, Natur und Vergangenheit der Gewinnsucht auszuliefern. Und die gelehrigen Dörfer hatten Eile, sich als Vorstädte zu empfehlen, auch weitab der Stadt. Das Erbe war vertan mit leichter Hand, zumal das bürgerliche Gewissen ohnedies nicht allzu beschwert war von Verantwortung und Fracht aus Jahrhunderten, hatte es doch, gemessen an Glanz und Entfaltung der Fürstenmacht, nur ein eingezogenes, verwinkeltes Dasein. Ihm gleich war seine politische Präsenz; der einigermaßen entschiedene Versuch, in Teilen Freiheit zu gewinnen, machte keineswegs Geschichte, bloß Anekdote: als die Bürgerschaft mit Kaiser Friedrichs III. Großem Ratsbrief sich schon in den Rechten einer freien Reichsstadt wähnte, ließ Erzbischof Leonhard von Keutschach den 22. Jänner 1511 beim Mahle, zu dem er den Bürgermeister und die Ratsherren eingeladen hatte, diese seine Gäste festnehmen und auf offenen Schlitten in Gesellschaft des Scharfrichters nach Radstadt bringen. Es heißt, daß ihrer zwölf der hintergangenen Tischgesellschaft in Mauterndorf hätten geköpft werden sollen, der Erzbischof jedoch seinen Sinn gemäßigt habe, tatsächlich aber die meisten, zermürbt von Ängsten und Winterkälte, vor der Zeit zu Grabe gekommen seien. Das Exempel hatte seine Wirkung getan, die Ordnung erwies sich für weitere gut dreihundert Jahre als unanfechtbar.

Die Bourgeoisie Salzburgs war auch sonst immer engbrüstig und zaghaft. Die Chronik des Widerstandes und der Erhebungen gegen Fremdherrschaft, gegen Bayern und Franzosen zu Napoleons Zeit, nennt Dörfer und Marktflecken im Gebirge, Namen von Bauern und Knappen. Dem Bürger ist nichts Rühmliches nachgesagt. Kaum begütert, brachte er aus seinem Schattenbereich auch keinerlei Kultur hervor, die ihn und seinen Stand mit Werken von Rang auswiese. Einsehbar, daß es den Mediceer Wolf Dietrich von Raitenau kaum belastet haben wird, einige Dutzend dieser Bürgerbehausungen schleifen zu lassen, Weite und Licht zu erhalten zugunsten Vincenzo Scamozzis Architekturvorstellung von einer Idealstadt mit fünf Plätzen. Schließlich hat es ihn auch wenig bewegt, als am 11. Dezember 1598 der Dom brannte. Brennet es, so lasset es brennen, soll er denen gesagt haben, die das Unheil gemeldet hatten. Was sie hatten brennen lassen sollen, war die Basilika, die Konrad III. von Wittelsbach 1181 zu erbauen begonnen hatte, nachdem während des Streites zwischen Papst und Kaiser von Anhängern Friedrich Barbarossas Salzburg samt seinen Kirchen niedergebrannt worden war.

Überdenkt man einmal, wie oft wie viele Siedlungen und Ländereien gebrandschatzt wurden, ist der Respekt vor Archäologen fällig: meist unter Erde nach Grundmauern fahndend, weil über Erde Feuer sich zu schaffen machte, liefern sie das Kontinuum der Kultur, das im Bewußtsein mancher Generation sonst lediglich die Haftfähigkeit einer Lesebucherinnerung besäße.

Wolf Dietrich von Raitenau war der effizienteste Demolierer Salzburgs. Aber er demolierte auch Enge und Mief, wahrgenommen mit römisch erfahrenen Sinnen. Und bald schon war Vincenzo Scamozzi zur Stelle, Palladios hochgeachteter Schüler, und obschon, in den Dimensionen nachgebend, Santino Solari eine Generation später das Werk vollendete – wo immer auch die Jahrhunderte her zerstört und aufgebaut wurde, man baute so, daß im Rückblick man es eine Weise eigenen Wertes, einen Stil hat nennen können, historischer Sinn die Zerstörung zuvor als Wende auslegt. Kritisch bedacht, gleicht eine solche Einschätzung zwar eher einer Nachmotivation, in Zerstörung Zweck und Sinn aufzuweisen – heutzutage zählt das Verfahren zum Rüstzeug der Demolierer in Gemeindestuben und Kammern –: tatsächlich aber zerstörte der Raitenauer auf eine Gesamtimagination hin, die er von der Stadt hatte. Damit band er auch seine Nachfolger von Markus Sittikus bis Sigismund Grafen Schrattenbach, jene Abkehr nicht gerechnet, welche Johann Ernst für nötig hielt, indem er Johann Bernhard Fischer von Erlach berief. Er und sein Rivale Lukas von Hildebrandt, den Erzbischof Franz Anton verpflichtete, lösten, einer von Wien aufkommenden Tendenz konform, Salzburg aus seiner nachmals oft zitierten Italianità, der österreichische Spätbarock hatte damit auch hier seine Stunde.

Alte Ansichten der Stadt vor Augen, meditiert man darüber, ob Wolf Dietrich zu Gewinn oder Verlust gehandelt hat, da er die mittelalterliche Stadt so in Teilen wegräumte, als sei sie einfach hinderlich, sonst nichts. Verglichen mit der Basilika Konrads III. ist der Dom Santino Solaris ein Tausch, der schmerzt. Auf den Gestaltungswandel der Stadt hin gesehen, ihr Wachstum und ihre architektonische Vielfalt in der Einheit des Stils, wünschte man, Wolf Dietrich wäre ein halbes Jahrhundert zugemessen gewesen an Herrschgewalt.

★

Salzburg, die Stadt, hält nicht die Mitte Salzburgs, des Landes. Dem musternden

Auge gibt sie sich durchaus wohlgesetzt, die Salzach durchfließt sie, seit man sie im vorigen Jahrhundert straffer ins Bett faßte, hat man am rechten Ufer so nahe herangebaut wie am linken, Kapuzinerberg hier und Mönchsberg dort machen die Balance der Vedute, und ersteigt man einen der beiden, bevorzugt den Mönchsberg, und überblickt das Umland, das im Süden hart ans Gebirge stößt, im Osten ein wenig Halt hat am Gaisberg, südwestlich am Staufen, nordwärts aber sich verläuft – man könnte meinen, das alles gäbe der Stadt Atem und Raum, sei das Land gleichen Namens, das tatsächlich jedoch in seinem vollen Charakter erst dort beginnt, wo der Umblick es am Ende wähnt, hinter den Gebirgen im Süden. Wohl deshalb hat man vor Zeiten den Felsriegel aus Tennen- und Hagengebirge für eine Binnengrenze genommen, die das „Außergebirg" vom „Innergebirg" trennt. Das ist handsamer für die Orientierung als die gebräuchliche Einteilung des Landes in Flachgau, Tennengau, Pongau, Pinzgau und Lungau, zumal keine Karte den Wanderer belehrt, wann er wohin überwechselt, nicht veranschlagt mancherlei Ungereimtheit wie etwa die, daß der Flachgau Berge hat, von denen aus man ihn betrachten kann. So ungewiß es also geographisch ist, in welchem Gau einer gerade sein Jausenbrot verzehrt oder im Wirtshaus sitzt – an dem, mit dem er gerade redet, wird es ihm gewiß.

Und damit erfährt er auch, wer oder was ein Salzburger ist. Als solchen gibt es ihn nämlich nicht, wohl aber als Flachgauer, Tennengauer, Pongauer, Pinzgauer, Lungauer. Für Leute, die in größerem Raume zu schauen und zu denken gewohnt sind, eine Seltsamkeit. Aber wie ungenau die Zäune sind und ihr Verlauf, so deutlich unterscheiden sich die Menschen voneinander, die hinter diesen Zäunen ihr Leben haben.

Anders als die Landschaft, die in Hügeln und Seemulden dem oberösterreichischen Nachbarn sich öffnet, ist der Bauer im Flachgau in sich gekehrt, wenig gesellig, nicht sehr gesprächig auch, aber selbstbewußt. Hat er aber einmal jemanden angenommen, hält er ihm die Treue auch in übler Zeit.

Obschon es nur den sprichwörtlichen Büchsenschuß weit in den Tennengau ist, das „Außergebirg" zu dem sie einander näherrücken sollten, ist der Tennengauer wie aus anderem Stamm, lebhaft, herzlich, schnell von Verstand, in allem so, als sei er, der sonnseitig seinen meist kleinen Hof am Hang hat hoch über den Herbstnebeln, bevorzugt von Licht und den Schatten enthoben, verschont auch von jeglichem Wettlauf im Tage. Selbst den Kühen schlägt das gut an, geruhsam bimmeln sie die Almen hin sich zur Erholung, nicht zur Mast, wie im Pinzgau.

Die Pongauer haben noch die Schrecken der Protestantenaustreibung im Blut, Erben davon in Gespür und Gedächtnis. Das Land war nachmals das am härtesten missionierte. In Dauergefährdung bildet der Mensch schützende Orientierungsmechanismen aus. Feindschaft offen zu zeigen wäre tödlich, Verstellung rettet, bewahrt vor dem Zugriff. Und Freundlichkeit macht das Umgangsgesicht. Das zu wissen hilft manches verstehen. Bleibt das Wissen aus, tut es zuweilen auch ein Schnaps, der hier brauchtümliches Verständigungsmittel ist.

Vom Pinzgauer heißt es, ihn kennzeichne ein kräftiges Selbstbewußtsein gleich dem Tiroler, dessen Nachbar er ja ist. Da gerät ihm zuweilen manches in Worten größer, als die Sache es ist. Das aber treibt ihn wiederum an, mehr zu leisten. Auf den mächtigen Höfen bekommen die Dienstboten davon zu spüren. Franz Innerhofers schöne Roman-Tage sind schon die, welche der Pinzgauer da und dort noch im Kalender hat. Bloß begreift er es nicht immer, wie es ihm auch Schwierigkeiten macht, eigene Schuld als solche einzusehen. Gastfreundlich aber und großzügig sind sie alle.

Einzig im Lungau überlegt man sich, ob man zu einem Bauern Du oder Ihr, nicht Sie, sagt, so stark gibt er sein altes Herkommen zu fühlen. Dieses durchwegs über tausend Meter hoch gelegene Tal, vom Westen nur über Hochgebirgspfade zugänglich, von Norden und Süden über Pässe, die noch vor einem Jahrzehnt viele Tage des Jahres gesperrt waren wegen Lawinen, im Osten zwar leichter, aber aus der Steiermark langwierig erreichbar, nunmehr allerdings über eine Autobahn rasch zu durchfahren, vornehmlich von jenen, die nach Jesolo streben, die Lungauer selbst bevorzugen immer noch die Pässe, was zudem schöner und gesünder ist als die Passage durch stinkende Röhren: dieses Tal war für die Bewohner lange eine große Einschicht, von Gott und der Zeit etwas hinten gelassen, aber deshalb vielleicht waren die Lungauer noch bei Atem, als er anderen über dem Fortschritt verging. Und so mag es auch damit zusammenhängen, daß der Lungauer hintersinnig ist, geradezu philosophisch, zudem anschaulich und gewandt in seiner Ausdrucksweise. Schließlich ist er Jahrhunderte als Sauschneider in den Ländern bis ans Schwarze Meer unterwegs gewesen, wovon einer dann so seine Anschauungen mitbringt in das Tal zwischen Tauern und Nocken im Süden, zumal er auch in anderen Geschäften draußen jeweils erfolgreicher ist als seinesgleichen aus dem Innergebirg.

★

Waren die Erzbischöfe zu allererst in eigener Sache engagiert, hieß sie doch immer Salzburg, mochte dieser Name auch für persönliche Macht und Repräsentation stehen. Und da gewinnt es gar keinen üblen, bestimmt jedoch einen raren Reim auf all das, wenn man sich erinnert, wie sehr die Ländereien, aus denen das geschlossene Territorium als festgefügtes politisches Gebilde hervorging, dem Streubesitz eines vermögenden Privatmannes glichen. Von der Gründung des Klosters St. Peter auf dem Boden des römischen Iuvavum kurz vor 700 durch jenen fränkischen Wanderbischof Rupert an bis nahe der Schwelle zum zwölften Jahrhundert entstand der Besitz der Salzburger Kirche einzig aus Schenkungen, Kauf und Tausch. Über die jeweiligen Grenzen hinaus wurde nur das Kreuz getragen, nie das Schwert als Mittel des Bodenerwerbs. Da jedoch die verschiedenen Besitztümer den Erzbischöfen nicht unter einem einzigen Rechtstitel zu eigen waren, sie also nicht überall die volle Landeshoheit, sondern nur die Rechte eines Grundherrn ausübten, gingen beträchtliche Teile ab dem fünfzehnten Jahrhundert schon an die mächtigeren Habsburgernachbarn verloren. Die heutigen Landesgrenzen stammen aus dem neunzehnten Jahrhundert, als eine kaiserliche Verordnung 1850 Salzburg den Status eines selbständigen Kronlandes eintrug, fast ein halbes Jahrhundert nach der Säkularisierung des Erzstiftes. Die Geschichte, die damit einsetzte, gleicht einer Krankengeschichte: am 11. Februar 1803 dankte Erzbischof Hieronymus Graf Colloredo als Landesherr ab; am 15. desselben Monats wurde Erzherzog Ferdinand von Österreich, Großherzog von Toskana, Herr in Salzburg; am 30. Oktober 1805 besetzten die Franzosen Stadt und Land; am 7. April 1809 erklärte Franz I. Napoleon den Krieg; schon Ende des Monats rückten Bayern und Franzosen in der Stadt ein; am 30. September 1810 kam Salzburg an Bayern, am 14. April 1816 an Österreich; seit 1861 gibt es einen Salzburger Landtag ...

Daten und Marken politischer Entmachtung. Innerhalb einiger Jahrzehnte hatte Salzburg ein Viertel seiner Bevölkerung verloren. Der Stadtbrand 1818 vernichtete am rechten Ufer der Salzach vierundsiebzig Wohnhäuser und beschädigte beträchtlich Schloß Mirabell. Die Ruinen standen noch zwanzig Jahre später. Es seien wenig Einwohner hier, notiert Franz Schubert 1825, viele Gebäude stünden leer, manche seien nur von einer, höchstens zwei bis drei Familien bewohnt. Auf den Plätzen, deren es viele und schöne gebe, wachse zwischen den Pflastersteinen Gras, so wenig würden sie betreten werden. Der Landschaftsmaler Heinrich Reinhold wundert sich 1818, wohl vor dem Brand noch, daß Salzburg erst seit wenigen Jahren von Fremden häufiger besucht werde; seinen Reisebericht wird man für eines der ersten Zeugnisse nehmen, daß die Stadt, politisch verkommen, nunmehr zu leben begann als Sujet der bildenden Kunst, als Prospekt, schließlich als Szene. Vorgang und Wandel sind nicht ohne Beispiel, wird doch etwa, bildungsinstitutionell, Antike so überliefert, als sei sie für das Abendland ein prototypisches ästhetisches Phänomen, dessen Reinheit bloß einige Schlachten stören. Jedenfalls haben auch die Maler, welche für Auge und Pinsel Salzburg entdeckten, die Vedute abstrahiert und emanzipiert, und zwar so, als sei Schönheit Folge der Machtlosigkeit. Ferdinand Olivers Salzburger Lithographien haben die Stadt in eben der Zeit zu einem überregionalen, nunmehr ausschließlich kulturellen Ruf gebracht, als ihr politischer Absturz den Boden erreicht hatte. Vielleicht mag es damit zusammenhängen, daß, anders als im siebzehnten Jahrhundert, nunmehr die Werke des Barock als Bildinhalte fehlen. Die Künstler scheinen sich einer sonntäglichen Landschaft verpflichtet zu haben, in der sonntäglich gekleidete Menschen lagern und schauen und spazieren, unbehelligt von Regen und Arbeit und Übeln. Lediglich Hubert Sattlers Bild vom Stadtbrand 1818 erinnert daran, daß Salzburg doch nicht das Paradies vor dem Sündenfall ist. Der Kunsthistoriker Alois Riegl schreibt am Beginn dieses Jahrhunderts, daß in Zeiten vollständiger Abkehr vom Italienischen in Salzburg jedes höhere bildende Kunstschaffen stagniere, man sich dann begnüge mit der unvermeidlichen Stillung des laufenden Kunstbedarfes, ohne hinreißenden Schwung und ohne Anspruch auf höhere Monumentalität; die Bedeutung Salzburgs für die Kunstgeschichte beruhe hauptsächlich darin, daß es ein allzeit offenes Einfallstor für den italienischen Geschmack gewesen sei ...

Dieses Urteil ist ergänzungbedürftig. Salzburg war nämlich für jegliche Kultur ein stets offenes Tor, wäre nämlich dem nicht so gewesen, hätte es hier Kultur von europäischem Rang nie gegeben. Anziehend war Salzburg zuvörderst seiner Lage, später seiner Landschaft wegen. Die Salzburger kamen da so wenig vor wie in der Geschichte jener Kunst, welche in Salzburg entstand. Die Stadt war immer nur Tatort für Täter aus anderen Zonen. Diese musische Enthaltsamkeit erscheint gepaart mit einer gewissen Reizbarkeit, die sich je Anlaß kaufmännisch bis sozial gibt: an den Festen der Erzbischöfe schon hatte man ein grämliches Interesse für die Kosten, und geht es an den Bau einer Festspielstätte, fordert Bürgersinn eine Schule oder ein Krankenhaus. Und um gleich dem vorhersehbaren Zwischenruf zu entgegnen: Wolfgang Amadeus Mozart mit der Ausfallshaftung post mortem in dem Sinne zu belasten, daß man von zweitausend Jahren absieht und nur ihn im Blick behält, als sei die Zeit vor 1756 eine des Advents, seines Advents gewesen – derlei Deutungspoesie würde schon die weitere Geschichte desavouieren, sind doch die Salzburger schwerelosen Gewissens ein halbes Jahrhundert ohne Mozart ausgekommen. Hier ist auch Hugo von Hofmannsthals Schwärmerei anzuführen, das mittlere Europa habe keinen schöneren Raum als das Salzburger Land, und gerade hier habe Mozart geboren werden müssen. Er hat das müssen, weil für seine Mutter die Stunde gekommen war. Und nach Salzburg waren die Mozarts übersiedelt, weil Augsburger, als Schwaben, in die Hofkapelle um so freizügiger eintreten konnten, als diese sich gegen Bayern und Österreicher abschirmte. Richtig wird man Wolfgang Amadeus Mozart für einen Taufschein-Salzburger ansehen, hat er sich doch nie und in nichts die Stadt zu eigen gemacht, ganz Widersetzlichkeit in Verhalten und Gemüt, zudem, vom Vater egoistisch abgestützt, unfair gegen seinen Dienstherrn. Mozart wahr wohl Kind in dieser Stadt, doch ist er nicht zu ihrem Sohn geworden.

Rechtens ist es hingegen, wenn Salzburg der Welt Joseph Mohr und Franz Gruber vorweist, Textverfasser und Komponisten des Weihnachtsliedes Stille Nacht, Heilige Nacht: wie auch immer die Wissenschaft seinen Wert einschätzt, ob als Volkslied oder kunstlosen Schlager, derlei ist auf Wirkungsweite und Wirkungsdauer ohne Einfluß. Da diese schon bald nach dem Tage, da es zum ersten Male gesungen wurde, sich von den Autoren ablösten, das Lied demnach geläufig, die Verfasser jedoch lange schon vergessen waren, brauchte es einige Mühe, die Urheberschaft zu bezeugen. Hätte die Königliche Hofkapelle in Berlin als den Komponisten nicht Michael Haydn vermutet und im Stiftsarchiv St. Peter nach dem Original forschen lassen, wäre das Lied möglicherweise falsch zugeschrieben worden oder namenlos geblieben. Franz Magnus Böhme, der volkstümliche deutsche Lieder sammelte, beschreibt 1895 die Entstehung des Weihnachtsliedes:

Dieses schöne, in ganz Deutschland von Kindern gesungene und von den Eltern gern gehörte Weihnachtslied ist kein Volkslied, aus dem Zillerthal von Emigranten mitgebracht, auch nicht von Michael Haydn oder Aiblinger komponiert, wie man ohne allen Grund zeither angegeben hat, sondern nach endgültiger Forschung und nach beglaubigter Aussage des wahren Komponisten selbst ist der Text 1818 gedichtet von Joseph Mohr, damals Hilfspriester zu Oberndorf bei Salzburg. Die Melodie dazu komponierte am 24. Dezember 1818 sein musikalischer Freund Franz Gruber, damals Lehrer und Organist im benachbarten Arnsdorf (unfern Laufen bei Salzburg). Am Christabend 24. Dec. 1818 wurde das Lied in der Kirche zu Oberndorf zuerst aufgeführt, und zwar mit Guitarrebegleitung, als Ersatz der unbrauchbar gewordenen Orgel. Der Dichter als Tenorist sang die Melodie und spielte dazu die Guitarre; der Komponist (Baß) sang die zweite Stimme; etliche aus dem Dorfe herzugeholte und rasch eingeübte Sängerinnen sangen nach Gehör den Chor, d. h. die Wiederholung der zwei Schlußzeilen. Das Lied fand ungetheilten Beifall und später weite Verbreitung.

★

Jeden Sommer, wenn der Bundespräsident sich freut, sie zu eröffnen, loben viele Salzburger die Festspiele und sich in ihnen: Politiker, Geschäftsleute, Wirte. Sie sind dankbar, daß es die Spiele gibt, sie wissen jedoch kaum, oder es ist ihnen nicht mehr bewußt, wem sie dankbar sein müssen. Wüßten sie es, oder wäre es ihnen bewußt, verminderten sich um einiges Besitzgewißheit und Stolz. Denn Hugo von Hofmannsthal, Max Reinhardt, Richard Strauss, Alfred Roller und Franz Schalk, die sich in jenem Kunstrat zusammenfanden, der Programm und Beginn bestimmte, waren keine Salzburger, und soviel bekannt ist, hat auch keiner darüber meditiert oder sich dafür exponiert, etwa künstlerische Intentionen eines Salzburgers in Vorhaben und Ausführung unterzubringen. Alois Riegls Wort von Salzburg als offenem Einfallstor erwies sich auch dieses Falles als sinngemäß richtig: Salzburg stellt die Szene, auf der jene, welche das offene Einfallstor durchschritten haben, agieren. Das Theatralische, das Szenarium einer barokken Architekturgestalt, die Vielfalt der Schauplätze, die einer Vielfalt des Schauspielens sich auftat, die Hoffnung, abseits der Großstadt und ihrer rationalen und kalkulierten Formen künstlerischer Arbeit, Menschensachen spielen zu können für ein Weltpublikum, das gerade vor solchem Spiel und seinetwegen nicht sozial auseinanderfällt, in Max Reinhardts Kurzformel gefaßt: die Stadt als Szene, das sollte die Festspiele zum unvergleichbaren Ereignis aller Künste werden lassen. Salzburg als Geist genommen schließe das Festliche ein, aber nicht nur das Heiter-Festliche, es schließe auch das Heutige nicht aus, schrieb Hofmannsthal, was es ausschließe, sei das Finstere ohne Hoffnung und Aufschwung, das innerlich Gewöhnliche, das völlig Weihelose ... mit welchen Überlegungen über Jahrhunderte hin er die Festspielidee dem großen barocken Festspieler Erzbischof Markus Sittikus verband.

Die Idee der Salzburger Festspiele, ihre Ideologie, wie sie von Hugo von Hofmannsthal formuliert, von Max Reinhardt nicht ohne Einbußen inszeniert wurde, war seit dem ersten Jedermann vor der Fassade des Domes am 22. August 1920 immer wieder Gegenstand von Angriff und Verteidigung, vorzüglich als Fragestellung, ob man einer Idee bedürfe oder ob Programmeinfälle genügten, die sich allerdings mit der Perfektion der Realisierung zu legitimieren hätten. Aber auch das noch geringere Kalkül hat seine Fürsprecher, nämlich den Einfall in die zweite Reihe zu versetzen und es sich an der Perfektion genug sein zu lassen, sofern ihr jener kommerzielle Effekt korrespondiert, der die Rentabilität des Gesamtunternehmens verbürgt. Diese Version dominiert zur Zeit, gestützt auch von der Mehrfachnutzung künstlerischer Leistung, durch die sie als an mehrfachen Zwecken orientiert erscheint. Und so haben denn alle Trümpfe Subventionsgeber und Rechnungshof in der Hand, der Geist hingegen nur Leere im Blatt.

Schon 1918 wehrte sich Max Reinhardt gegen ein Festspielhaus für Gastspiele (vorerst), für reisendes Publikum und reisende Künstler, weil das ein Hoteltheater sei, wo die Kunst sich nie zu Hause fühlen würde, und bei der Grundsteinlegung zu einem Festspielhaus im Park von Hellbrunn war zu hören, man müsse der Menschheit sagen, daß hier nicht eine Gründung der Fremdenverkehrsindustrie vor sich gehe, das Festspielhaus keine Jahrmarktbude für Prasser, Genüßlinge, Nichtstuer, Hohlköpfe und Snobs sein solle ...

Niemand weiß heute, wo dieser Grundstein liegt.

★

Salzburg Stadt und Land sind nicht minder als der ganze Kontinent in die Spannung gestellt zwischen Bewahrung der Gestalt und ihrer Zerstörung als Nutzung. Das steigende und zu steigernde Quantum, der Zuwachs als Oberwert menschlicher Tätigkeit befällt zuerst und nachhaltig Formen und Formationen ästhetischen Ranges, zählt es doch zu den Kriterien von Form überhaupt, daß die Änderung auch nur eines Merkmals das Ganze ändert. Nun ist ja das Schöne in Natur und Stadtgestalt nicht bloß eine Gefälligkeit dem Auge, sondern das Äußere eines organischen Wirkungszusammenhanges und dessen kontinuierlicher Entwicklung. Ob im Bürgertum der Stadt ausreichend Phantasie und Kraft zu kultureller Selbstdarstellung gewesen wären, läßt sich nicht bündig ausmachen, war es doch wirtschaftlich kaum dafür ausgerüstet. Für große Handelshäuser nach hanseatischem Muster fehlte jede Voraussetzung, Geschäfte und Handwerk dienten ebenso dem laufenden Bedarf wie Alois Riegl es von den Künsten bemerkte. Und das ist so geblieben bis auf diesen Tag, und geblieben ist das Bürgertum in seinem mentalen Zuschnitt: als Salzburg 1842 endlich Mozart in Denkmal und Musik und anderen Manifestationen feierte, hoffte man auch, daß der nun allmählich einsetzende Mozartkult die Zahl der nach Salzburg strömenden Fremden, und sonach die Zuflüsse der Bürgerschaft, bedeutend vermehren werde . . .

Fesselnd, während eines Spazierganges anzuschauen, wie Wolf Dietrich die Bürger buchstäblich in die Ecke gedrängt hatte, Weite, Freiheit und Helligkeit zu spüren, verläßt man eine der schmalen Gassen und tritt auf den Residenzplatz hinaus. Zusammen mit Festung und Dom hat man auch den vertikalen Ordo des Barock im Bild, bewegt Architektur nicht nur als Kulisse, Regieverstand zu inspirieren, selbst Gottesfurcht vergißt sich vor dieser Gottesmacht in Kontur und Stein. Das Bauwerk als metaphysisches Substrat – dafür stehen Tempel und Dome. Und dafür steht Salzburg, die Fürstenstadt.

Es könnte aber sein, daß einer nicht danach unterwegs ist, vielmehr zu erkunden sucht, weshalb sogar der Salzburger es für einen Vorzug nimmt, in Salzburg zu sein, was mehr ist, als in Salzburg zu wohnen. Wieviel auch immer einer da erkundschaftet – der Grünmarkt auf dem Universitätsplatz zu Füßen der Kollegienkirche Fischers von Erlach müßte als Motiv angezeigt sein. Hier nämlich hat das Leben noch etwas von jenen urbanen Formen, deretwegen vor Generationen der Mensch die Stadt anstrebte. Der Markt ist das Glacis städtischen Verhaltens, er ist auch nach Art der griechischen Agora der Ort, an dem städtisches Innenleben sich nach außen kehrt in Begegnung und Präsentation und Gespräch. Man kennt einander, man grüßt und wird gegrüßt, man erkundigt sich und erfährt, was an Erfahrung unwichtig, einzig aber deshalb wichtig ist, daß man es erfuhr. Die Kommunikation nämlich als solche zählt und hat Gewicht, nicht ihr Inhalt, der austauschbar ist. Und auch auf diesen Markt dringt italienischer Einfluß herein, drei Brüder bringen wöchentlich aus Udine oder Verona Gemüse und Kräuter und Pilze und Obst, dergestalt in den Ferienwochen dieser unermüdlichen Südlandfahrer die Salzburger sich mit der unvermeidlichen Stillung des laufenden Eßbedarfs – um es mit Alois Riegls Eindruck noch einmal, jetzt aber scherzhaft, zu pointieren – begnügen müssen, also mit Sauerkraut und Kohl und Erdäpfeln und Rüben und was sonst seit Jahrhunderten aus heimischem Boden vorrätig gehalten wird in kalter, lichtschwacher Zeit ... Vom Lande nämlich ist in diesem Zusammenhang nicht mehr zu berichten, als daß überall, wo es Land geblieben ist gleich allem Land, ein schönes, vielfältig gegliedertes Bauernland ist, dessen Eigentümlichkeiten man am besten erfährt, wenn man es dort anschaut, wohin noch dem eifrigsten Werbelügner nicht einfallen kann, Skifahrer oder Strandfaulenzer zu locken. Zugestanden, die Bürgermeister solcher Dörfer haben ihre Not, in Statistik und Wachstumsprozente zu kommen, aber manches mag so eine grüne Zukunft haben, von der es seinerzeit geheißen hatte, daß sie rosig sei.

Den Reichtum der Stadt und des Landes, auch im Innergebirg, zu errechnen, hat man zurückzurechnen bis in die Tage vor dem Stadtbrand, mit dem Geschichte begann, Verlustlisten zu führen. Obschon bald vom Umfang eines Buches, werden sie weitergeführt werden, die Dombaumeister haben sich aus dem erzbischöflichen Jahrtausend empfohlen, mit Säkularisation und Bürgertum rückten überall die Ingenieure ein, Salzburgs Geschichte ist ihnen heute noch Steinbruch. Daran vertrocknet das metaphysische Bedürfnis, degeneriert der historische Sinn.
Es ist mehr als schwierig, über Salzburg, Stadt und Land, schreibend, keine Elegie zu schreiben.

Rudolf Bayr

Salzburg, City and Province

When someone says that he has business to attend to in Salzburg, a house, a love affair, people are generally, although not always, aware that they are unaware of what is meant. For Salzburg is the name of the city and the name of the surrounding countryside, as far as its borders with the Tyrol and Carinthia, with Styria, Upper Austria and Bavaria and, yes, even with Italy at a comparatively tiny spot, of primary importance for shepherds, customs officials and sheep.

The same name duplication plagues Vienna, too, the difference there being that it either poses as a province or a city, depending on what is opportune. Vienna is Vienna, it cannot distinguish itself from itself and if one and the same man appears in the double guise of Provincial Governor and of Mayor, then that is theatricality of the kind that makes Vienna a theatrical city even off-stage. In Salzburg it is understandable that the province has the same name as the city, for it hardly ever meant more than a lucrative environment for the prince in his residence. He alone had powers of decision, spiritual and temporal, the one time and again requiring the support of the other, to such an extent that at times ritual was even abandoned: in 1266, for example, Archbishop Ladislaus was able to enter Salzburg with due ceremony, although he had not been ordained a priest or a bishop, and in 1554 Ernest, Prince of Bavaria, had to forgo the see of archbishop altogether, ten years not being sufficient for him to take higher orders.

Metaphysically orientated spirituality was certainly not the strong point of any of these gentlemen, loving one's neighbour was given the interpretation that everyone was his own neighbour, according to the situation, and the burning of Jews, more than three hundred in number, and the endless procession of banished Protestants bore witness to the love these men showed to their enemies. The pogrom of 1404 in front of the church at Mülln came about when a church thief was apprehended and confessed to having given Jews hosts which they had pierced with nails in order to kill Christ a second time.

On 9th December, 1684 Archbishop Max Gandolf's extradition order was read to the Defereggers. Four days later the first throng left for Augsburg. Children under the age of fifteen were taken away from their Lutheran parents to be educated under Catholic guardianship. As from the turn of the century peace was said to reign throughout the valley, no doubt that same peace left behind by the twenty thousand who had been hit by Archbishop Leopold Anton's emigration order of 31st October, 1731. If it is surmised that the intangible loss caused by this outrage could never be made good, this surmise can neither be proved, nor refuted.

It is certainly not conducive to an understanding of history when the generation alive now measures the past according to its own yardstick, what somewhat unimaginatively is called the spirit of the times should not equate solely with the Ten Commandments and the Gospel, it can only be the spirit of the Devil to kill a man in God's name.

It must be conceded that the Protestant uprising and opposition in 1525 and 1526 and well into Max Gandolf's day was, by way of its social aspect, both religiously and politically actuated. The temporal princes always gave leave of absence to their spiritual part; since, with the exception of Archbishop Friedrich von Walchen in the 13th century, they were all foreigners, this would not have troubled them unduly. How fortunate were Rupert (696—718) and Virgil (745—784), those spiritual ancestors of this land: saintlike, they were thus canonized, their sole opposition coming from forests and swamps.

★

Salzburg, the city, so they say, is beautiful. The province, so they say, is, too. But the city can call Georg Trakl as a witness. He entitled one of his poems "The Beautiful City". There is a difference between saying Salzburg is beautiful and saying Salzburg is said to be a beautiful city. One is beauty perceived, the other is beauty supposed: saying one hears that Salzburg is beautiful. In advertising, word of mouth and rumour become a promise. Brochures have their own truth. As far as Salzburg is concerned—and it is otherwise advisable, too—this may be verified from one of the mountains in the city or the near surroundings, from the Mönchsberg, the Kapuzinerberg or the Gaisberg.

Georg Trakl could no longer use that title today. Salzburg, that city of which Alexander von Humboldt said it was one of the three loveliest in the world, seems to be a remnant of history, set amidst and clasped by the Festungsberg, the Mönchsberg and the bank of the Salzach. They retain features of the inherited picture. On the other side, at the bottom of the Kapuzinerberg, a good nose is required to scent out the Middle Ages in the Steingasse. Everything else is nineteenth and twentieth century hubris.

Salzburg was abandoned as a fortress in 1861, the ramparts, moats, redoubts and gates being assigned to the city in 1866. With an eye to business, the citizens ensured that the Habsburg dowry was speedily demolished, the traditional becoming the utilizable, presumably a powerful example to that generation of great-grandchildren in the period after the Second World War. Thanks to concrete and new techniques, they in fact succeeded more emphatically in selling out nature and the past to greed. And, quick to learn, the villagers hurried to present themselves as suburban dwellers, even far away from the city. The heritage was squandered with an open hand, the more so since the citizens' conscience was not at any rate excessively burdened by the responsibility and the ballast of the centuries, their life being confined and cramped in comparison with the pomp and pageantry of the princely court. Their political presence was the same; the fairly decisive attempt to win freedom in part did not make history, but was merely the basis of an anecdote: when the citizenry already fancied itself to enjoy the rights of a free imperial city, thanks to Emperor Fredrich III's decree, Archbishop Leonhard von Keutschach, at a banquet to which he had invited the mayor and the councillors, had his guests arrested and taken to Radstadt on open sledges in the company of the executioner. It is said that twelve good men of this deceived gathering at table in Mauterndorf were to be beheaded, but that the Archbishop exercised restraint. In fact, so the story goes, most of them went to their graves prematurely, worn down by fear and the cold of winter. The example sufficed to make the order incontestable for a further three hundred years and more.

Otherwise, too, Salzburg's bourgeoisie were always weak and faint-hearted. The chronicles of opposition to and uprising against foreign rule, against the Bavarians and the French in the Napoleonic era, name villages and little market towns in the mountains, they name peasants and they name miners. Nothing laudable is said of the citizens. Hardly affluent, they produced no culture whatsoever to identify themselves and their estate with works of quality. It is understandable then that the Medicean Wolf Dietrich von Raitenau hardly felt a qualm at having several dozen of these citizens' houses razed to the ground to create space and light for Vincenzo Scamozzi's architectural concept of an ideal city with five squares. After all, it disturbed him little either when the cathedral burnt down on 11th December, 1598. "If it is burning, then let it burn", he is reported to have said on hearing the news. What they should have let burn was the basilica which Konrad III had started to have built in 1181 after Salzburg and its churches were burnt down to the ground by supporters of Friedrich Barbarossa during the dispute between the Pope and the Emperor.

When we consider how often settlements and estates were devastated, respect is due to the archaeologists: searching below ground level for foundations—above the surface fire has usually done its work—they secure culture's continuum, where it would otherwise be but the memory of a tale in a story-book in the awareness of many a generation.

Wolf Dietrich von Raitenau was most efficient in demolishing Salzburg. But he also demolished all that was constricted and fusty, perceiving this with senses attuned to memories of Rome. And soon Vincenzo Scamozzi was at hand, Palladio's highly respected pupil; although Santino Solari completed the work to smaller dimensions a generation later, wherever through the centuries destruction was followed by re-erection, building was carried out in such a way that retrospectively it could be said to have a value and a style of its own, history interpreting the prior destruction as a turning-point. Considered critically, such an assessment rather resembles the retrospective reasoning which finds a purpose in destruction—today this process forms part of the armour of those in municipal parlours and assembly rooms who advocate demolition. In fact, however, Raitenau had a total vision of the city in mind when he destroyed. He thus committed his successors from Markus Sittikus to Count Schrattenbach, if we disregard that exception deemed necessary by Johann Ernst when he commissioned Johann Bernhard Fischer von Erlach. Conforming to a tendency spreading from Vienna, the latter and Lukas von Hildebrandt, his rival who was engaged by Archbishop Franz Anton, released Salzburg from its frequently quoted Italianita and the late Austrian baroque style thus came into its own here, too.

Contemplating old views of the city, one wonders whether Wolf Dietrich acted to its benefit or to its detriment, when he cleared away whole parts of the mediaeval town as if it were nothing more than a hindrance. Compared with Konrad III's basilica, Santino Solari's Cathedral is a painful exchange. From the point of view of the city's transformation, its growth and its architectonic variety in the unity of style, one could wish that Wolf Dietrich might have been granted half a century of rule.

★

Salzburg, the city, does not keep to the middle of Salzburg, the province. To the appraising eye its appearance is most seemly, the Salzach flowing through its midst. Since this river was contained more firmly in its bed in the past century, the right bank has been built up as closely

as the left. Here the Kapuzinerberg and there the Mönchsberg lend balance to the view. If one ascends one of these, preferably the Mönchsberg, and surveys the surroundings—to the south they border hard on the mountains, to the east the Gaisberg offers gentle support, to the south-west the Staufen, but northwards they peter out—one might believe all that gives the city breathing space, being the province of the same name which in fact, however, begins fully to unfurl at that point where the gaze imagines it to end, beyond the mountains to the south. For that reason, no doubt, the barrier of rock formed by the Tennen and Hagen mountains was once regarded as an inland border, separating the "Außergebirg", or outside mountains, from the "Innergebirg", or inside mountains. That is handier for the orientation than the customary division of the province into the Flachgau, Tennengau, Pongau, Pinzgau and Lungau, especially since no map informs the walker when he crosses to where, nor elucidates many an illogicality, for instance that the Flachgau, or "flat district", is endowed with mountains, from which it may be surveyed. However geographically uncertain it may be in which district one is enjoying a sandwich or taking refreshment at an inn, certainty is assured by talking to the inhabitants. That, too, is how one learns who or what a Salzburg man is: as such, he does not exist, but as a Flachgau, Tennengau, Pongau, Pinzgau or Lungau man. This seems strange to people accustomed to viewing things and to thinking on a larger scale. But imprecise as the fences and their course might be, the more plainly the people living behind these fences differ from each other.
Unlike the landscape, opening out to the Upper Austrian neighbours in hills and lake hollows, the Flachgau farmer is introspective, far from sociable, not very talkative either, but self-assured. Once he has accepted someone, however, he remains loyal to him in bad times, too.
Although it is only a stone's throw to the Tennengau, the Tennengau man is of a different breed, animated, warm-hearted, quick-witted. With his little farm on the sunny side of the slope and far above the mists of autumn, favoured by the light and spared the shade, he seems to be freed from any competition in the world. Even the cows seem to feel the benefit, peacefully clanking to the pastures to rest, not to gorge as in the Pinzgau.
The people of the Pongau still have the terrors of the Protestant persecution in their blood, its heirs in sensitivity and in memory. Subsequently this area was subjected to the most rigorous missionizing. When permanently endangered, man forms protective mechanisms of orientation. Open enmity would be lethal, dissembling rescues, safeguards from capture. And friendliness is a facial expression. Knowing that helps to explain quite a lot. For the unaware a schnapps occasionally does the same, it is a traditional means of communication here.
Of the Pinzgau man it is said that he is characterized by powerful self-assurance, like the Tyrolean whose neighbour he is. Occasionally his words prove to be louder than his actions, but that only spurs him on to achieve more. The labourers on the big farms are made to feel something of this. The "beautiful days" of Franz Innerhofer's novel are the same as those still found here and there on the Pinzgau man's calendar. He just does not always understand this and finds it difficult to recognize his own guilt as such. They are all hospitable and generous, however.
It is only in the Lungau, however, that

one ponders on how to address a farmer, so strongly does he let his ancient lineage be felt. Situated throughout at an altitude of over one thousand metres, accessible from the west only via high mountain tracks, from the north and south via passes which only a decade ago were closed for many days of the year on account of avalanches, more easily approachable in the east, but a tedious journey from Styria, this valley can now be crossed quickly by motorway, primarily by those heading for the Adriatic—the Lungau people themselves prefer the passes, they are more beautiful, healthier than the passage through smelly tunnels. For many years this valley was a bleak waste, somewhat neglected by God and time, but perhaps that is why the Lungau people were not winded when others were exhausted by progress. And perhaps that is why the Lungau man has a brooding, almost philosophical temperament and is adroitly expressive in his speech. After all, as a swine gelder he travelled for centuries throughout the lands as far as the Black Sea and brought back his own ideas to the valley between the Tauern and the Nocken, the more so since in his other affairs elsewhere he was always more successful than his counterparts from the "Innergebirg".

★

Since the archbishops were first and foremost involved with their own affairs, even though these might be called Salzburg, this name stood for personal power and representation. This makes good sense when we remember how greatly those estates, from which the compact territory emerged as a firm political structure, in fact resembled the scattered property of a wealthy private individual. From the time of the Frankish Bishop Rupert's foundation of St. Peter's monastery on the site of the Roman Iuvavum shortly before AD 700 until practically the threshold of the twelfth century the property of the Church in Salzburg came entirely from endowments, purchases and exchanges. The cross was carried beyond the borders, but never the sword as a means of acquiring land. Since the various properties did not, however, belong to the archbishops under one single legal title—they did not thus exercise full sovereignty, but merely held the rights of a landowner—considerable areas were lost to the mightier Habsburg neighbours as from the fifteenth century. The present provincial borders date back to the nineteenth century, an imperial decree of 1850 conferring on Salzburg the status of an independent crown-land almost half a century after the secularization of its abbey. The series of events which then commenced resembles a case history: on 11th February, 1803 Archbishop Count Hieronymus Colloredo abdicated as ruler of the province; on the fifteenth day of the same month Archduke Ferdinand of Austria, Grand Duke of Tuscany, became master of Salzburg; on 30th October, 1805 the French occupied the city and the province; on 7th April, 1809 Franz I declared war on Napoleon; by the end of that month Bavarian and French troops were already entering the city; on 30th September, 1810 Salzburg passed to Bavaria and on 14th April, 1816 to Austria; the Salzburg "Landtag", or provincial diet, dates back to 1861 . . .

Dates and milestones of a political demotion. Within several decades Salzburg had lost one quarter of its population. The city fire of 1818 destroyed seventy-four houses on the right bank of the Salzach and did considerable damage to Schloß Mirabell. Twenty years later the ruins were still standing. In 1825 Franz Schubert remarked upon the lack of inhabitants, many buildings being empty, others being inhabited by one or, at the most, two to three families. In the squares—these were many and beautiful—grass grew up between the paving stones, so little were they used. Heinrich Reinhold, the landscape painter, was surprised to find in 1818, before the fire, that Salzburg had only attracted visitors more frequently in recent years; his travel report constitutes some of the earliest evidence that, politically in decline, the city was now starting to exist as a subject for the fine arts, as a prospect, a scene. Events and change are not without example, antiquity is traditionally presented as though it were the prototype of an aesthetic phenomenon for European civilization, its purity only impaired by a few battles. However this may be, those painters who discovered Salzburg for the eye and the canvas abstracted and emancipated the vista, as if beauty were a consequence of the fall from power. Ferdinand Olivier's Salzburg lithographies gave the city its supraregional, now exclusively cultural reputation just at the time when its political decline had reached its lowest ebb. Perhaps this was related to the fact that, unlike in the seventeenth century, baroque works were now missing from the picture. The artists seemed committed to a Sunday landscape in which figures dressed in Sunday best recline, survey and saunter, undisturbed by rain, work or inconvenience. Hubert Sattler's painting of the city fire of 1818 is the only reminder that Salzburg is not, after all, paradise before the Fall.

At the beginning of this century Alois Riegl, the art historian, wrote that at times of a total departure from the Italianate in Salzburg any higher creativity stagnated, people then being content to gratify current art needs in the inevitable way without any undue vitality and with no claim to higher monumentality; Salzburg's significance for the history of art was mainly founded on its always having been an open door for Italian tastes . . .

This verdict requires some modification. Salzburg always was an open door for any culture, otherwise culture of a European standard would never have existed here. Salzburg was first and foremost attractive on account of its situation and secondly on account of its scenery. The people of Salzburg featured there as infrequently as in the history of the art that originated in Salzburg. The city was never more than the scene of operations for operators from other zones. This artistic abstention seemed coupled with a certain petulance, the pretences being financial or social according to the circumstances: even the archbishops' festivities were the occasion for a peevish interest in the cost and where the building of a festival site was concerned, public opinion called for a school or a hospital. And, countering the foreseeable interruption, to disregard two thousand years and to concentrate solely on Mozart, as if the period prior to 1756 was an advent, his advent, would be an interpretation disowning further history, for the people of Salzburg managed without Mozart for half a century without this weighing on their conscience. Here, mention must be made of Hugo von Hofmannsthal's effusiveness about Central Europe having no lovelier area than the province of Salzburg and its having been predestined for Mozart's birth. Mozart was born here because his mother's time had come. And the Mozarts had moved to Salzburg because, as Swabians, Augsburg people were all the more free to enter the "Hofkapelle" because it shielded itself from Bavaria and from Austria. Wolfgang Amadeus Mozart is rightly regarded as a Salzburgian on paper alone, he never made this city his own; refractory in behaviour and disposition, he was also, with his father's support, unfair towards his employer. Mozart might well have been a child *in* this city, but he was never a child *of* it.

Salzburg is, however, justified in claiming Josef Mohr and Franz Gruber, the author and the composer of the Christmas carol "Silent Night, Holy Night" as her own. No matter how this might be assessed, being regarded as a folk song or an amateurish hit, that does not affect the breadth or the duration of its impact. Very soon after the day on which it first was sung it became detached from its authors, the carol being familiar, but the composers long forgotten; some effort was thus required to attest its authorship. Had the Royal "Hofkapelle" in Berlin not assumed Michael Haydn to be its composer and had a search undertaken in St. Peter's Abbey archives for the original, the carol would probably have been wrongly attributed or remained nameless. In 1895 Franz Magnus Böhme, a collector of popular German songs, described the origins of this Christmas carol:

Sung by children throughout Germany and enjoyed by their parents, this beautiful Christmas carol is not a folk song brought from the Zillertal by emigrants, nor was it composed by Michael Haydn or by Aiblinger, as has hitherto without any foundation been stated. Conclusive research and the testimony of the true composer himself have shown that the text was written by Josef Mohr, at that time assistant priest in Oberndorf near Salzburg, in 1818. The melody was composed by Franz Gruber, his musical friend, on 24th December, 1818, the latter at that time being teacher and organist in the neighbouring village of Arnsdorf (not far from Laufen near Salzburg). The carol was first sung on Christmas Eve 1818 in Oberndorf church. A guitar accompaniment replaced the organ which had become unserviceable. The author, a tenor, sang the melody and played the guitar; the composer, a bass, sang the second part; after a quick practice a number of singers from the village sang the chorus, i. e. the repetition of the final two lines, by ear. The carol was unanimously acclaimed and was later circulated far and wide.

★

Every summer, when Austria's Federal President is pleased to open the Salzburg Festival, many of the town's citizens commend the event and their part in it—politicians, businessmen, innkeepers. They are pleased that the Festival exists, but they hardly know, or are no longer aware, to whom they should be indebted. If they knew or were they aware, their certainty of possession and their pride would diminish somewhat. For Hugo von Hofmannsthal, Max Reinhardt, Richard Strauß, Alfred Roller and Franz Schalk—all assembled on that arts council which decided as to the programme and the beginning—were not Salzburgians and, as far as we know, none of them considered accommodating the artistic intentions of a Salzburgian in the planning or the execution. Alois Riegl's description of Salzburg as an open door proved to be correct in this case, too: Salzburg sets the scene upon which those who have entered through the open door act. The theatricality and the scenario of baroque architecture, the variety of arenas open to a variety of dramas, the hope of being able to play the affairs of men, away from the big city and its rational and calculated forms of artistic work, to a world audience which would not disintegrate socially before and on account of such a play, in Max Reinhardt's brief formula: the city as the scene, all that was to make the Festival the incomparable arts event. The genius of Salzburg incorporated the festive, but not merely the blithely festive, it did not exclude the present, wrote Hofmannsthal, what it did exclude was darkness without hope or elevation, the profoundly commonplace, the utterly mundane... with these reflections he linked the idea of a festival across the centuries with Archbishop Markus Sittikus, that great baroque man of festivals.

The idea behind the Salzburg Festival, its ideology, as defined by Hugo von Hofmannsthal and as produced, although not without loss, by Max Reinhardt, had repeatedly been an object of censure and vindication since the first performance of "Jedermann" in front of the Cathedral on 22nd August, 1920, it being questioned in particular whether an idea was necessary or whether ingenuity of programme was sufficient, this having to achieve perfection for its own justification. Even the lesser calculation—i. e. relegating ingenuity to the second row and letting perfection suffice as long as the commercial effect measures up and vouches for the profitability of the entire undertaking—has its advocates. This version dominates at present, supported, too, by the multiple use of artistic performance by the media, via which it seems multi-purpose orientated. Those granting the subsidies (and the audit office) thus hold all the trumps, genius playing the losing hand.

In 1918 Max Reinhardt resisted a festival hall for guest performances (for the time being), for a travelling audience and for travelling players because that would be a hotel theatre in which art would never feel at home. When the foundation stone for a festival hall was laid in Hellbrunn park, it was said that people should be told that this did not constitute a foundation stone for the tourist industry and that the festival hall was not to be a fairground for revellers, epicureans, idlers, the empty-headed, or snobs...

No one today knows where this foundation stone lies.

★

Salzburg, the city, and Salzburg, the province, are both, like the entire Continent, strained between preserving their appearance and destroying it for utilization. The rising quantum and the required rise in quantum, expansion as the supreme gauge of human activity, first hit, and enduringly hit, forms and formations of aesthetic rank, it being one of the criteria of form in general that the alteration of one feature alters the whole. Beauty in nature and urban form is not merely a kindness to the eye, but the exterior of an organic effective connection and its continual development. Whether sufficient imagination and vigour were available for the cultural projection of the urban middle classes cannot be established conclusively, economically they were inadequately equipped. Any requirements for great merchant houses in the Hanseatic mould were lacking, business and trade served everyday needs in the same way as Alois Riegl had noted of the arts. And that has remained the same up to the present day and the bourgeoisie have remained the same in their mental pattern: when in 1842 Salzburg finally celebrated Mozart in a monument, in music and in other manifestations, it was also hoped that the gradual onset of a Mozart cult would considerably increase the number of visitors streaming to Salzburg and thus the revenue of its citizens . . .

On a walk, how fascinating it is to notice how Wolf Dietrich literally drove the townspeople into a corner, how captivating, on leaving one of the narrow alleys and entering the Residenzplatz, to sense the space, the freedom and the light. With the fortress and the Cathedral one has a view of the vertical order of baroque style, the architecture not merely acting as a background to inspire stage direction, even the fear of God forgets itself before this might of God in contour and stone. Building as a metaphysical substratum—that is what temples and cathedrals stand for. And that is what Salzburg, the prince-archbishops' city, stands for.

Perhaps, however, one is not searching for that, but is attempting to find out why even the Salzburgian regards it as a privilege to be and not merely to live, in Salzburg. However much one might investigate, the market in the Universitätsplatz at the foot of Fischer von Erlach's Kollegienkirche should be cited as a reason. For here life still retains something of those urban forms which generations ago drew people to the city. The market is the glacis of urban behaviour, in the manner of the Greek *agora* it is the place where inward suburban life turns outwards, encountering, presenting and talking. The people know each other, they greet and are greeted, they inquire and discover, what they discover only being important because they have discovered it. It is communication itself that counts and carries weight, not its content, which is readily exchangeable. And the Italian influence penetrates this market, too, three brothers bringing vegetables, herbs, edible fungi and fruit every week from Udine or Verona. When these tireless travellers south are on holiday, the Salzburgians have to meet their current food requirements in the inevitable way—to quote Alois Riegl once again, but in jest—and to be content with sauerkraut, cabbage, potatoes, root vegetables and whatever other local produce is kept in stock during the cold, cheerless season . . .

Of the province there is nothing more to report in this connection, except that, everywhere where it has remained countryside, it is beautiful farming country in a variety of arrangements, the best acquaintance with its features being made by regarding it in those areas to which not even the most enthusiastic publicity men would dream of enticing skiers or sunbathers. Admittedly, it is a difficult task for the mayors of such villages to feature in statistics and expansion figures, but various things once forecast a rosy future might be pleased to find this green.

In order to ascertain the wealth of the city and the province, in the "Innergebirg", too, one must count back to the days before the fire, that point at which history started to keep missing lists. Although soon taking up a whole book, these will be continued, the cathedral architects have bid farewell to the archbishops' millenium, with secularization and the citizenry the engineers moved in, for them Salzburg's history is still a quarry today. That is the reason for metaphysical needs withering, for historical meaning degenerating.

When writing about Salzburg, city and province, it is more than difficult not to write an elegy.

Salzbourg, la Ville et le Pays

Alentour, si pas partout, on sait ce que l'on ne sait pas où cela se trouve, quand quelqu' un dit qu'il doit se rendre à Salzbourg, pour régler des affaires, une maison ou pour une amourette. Car Salzbourg est à la fois le nom de la ville et le nom du pays où elle se trouve, jusqu'aux limites avec le Tyrol, la Carinthie, la Styrie, la Haute-Autriche, la Bavière et même à un tout petit point avec l'Italie. Un point qui n'est important que pour les pâtres, les douaniers et les moutons.

Et Vienne a la même analogie de nom. A la seule différence qu'elle s'intitule parfois ville ou «Land», suivant l'opportunité. Et le maire de Vienne se présente parfois comme maire et l'autre fois comme «Landeshauptmann». C'est le théâtre viennois, un théâtre qui l'est également ailleurs que sur les scènes de Vienne. Et le fait que le Pays de Salzbourg, le «Land», a le même nom que la ville est compréhensible. Car, pour le prince dans sa résidence, le pays d'alentour ne fut jamais qu'une profitable source de revenus. Lui seul avait le pouvoir absolu, le pouvoir épiscopal et le pouvoir séculier. A tel point que le pouvoir épiscopal avait parfois besoin de l'appui du pouvoir séculier et que l' on se passait souvent du rituel. C'est ainsi qu'en 1266 l'archevêque Ladislaus fit son entrée solennelle à Salzbourg, sans avoir été nommé prêtre ni sacré évêque. En 1554, le prince Ernest de Bavière dut renoncer au siège archiépiscopal. Dix ans ne lui avaient pas suffit pour accéder au sacre d'évêque. Une spiritualité métaphysique n'était guère le côté le plus avantageux de ces seigneurs. Et chacun interprétait l'amour du prochain dans le sens qu'il commence toujours par soi-même. Plus de trois cents juifs brûlés vifs et l'interminable cortège des protestants chassés du pays témoignent de la miséricorde que ces seigneurs avaient pour leurs ennemis.

Un pogrome eut lieu en 1404 devant l'église de Mülln. Ayant pénétré dans une église, un voleur pris sur le fait avoua avoir volé des hosties pour les donner aux juifs. Ceux-ci auraient transpercé les hosties avec des clous, pour tuer le Christ une seconde fois.

Promulgué par l'archevêque Max Gandolf, l'ordre d'expulsion des protestants fut communiqué aux Defereggern le 9 décembre 1684. Quatre jours plus tard, le premier groupe partit pour Augsbourg. Les enfants de moins de quinze ans furent enlevés à leurs parents protestants et placés sous tutelle catholique. Il paraît que cette vallée fut tranquille à partir de la fin du siècle. Sans doute la même tranquillité qui régnait après l'expulsion de vingt mille protestants, suite à une ordonnance promulguée le 31 octobre 1731 par l'archevêque Léopold Anton. On ne peut prouver ni réfuter la supposition que la perte immatérielle due à cet acte de violence ne put plus être compensée.

Et si chaque génération interprète des événements révolus à la mesure de son temps, cela n'incite guère à la compréhension de l'Histoire. On ne peut essayer de se baser sur le Décalogue et la Parole du Christ pour justifier l'esprit impie d'une époque, et il est diabolique de tuer un homme au nom de Dieu.

Il faut dire que la rébellion et la résistance des protestants avaient une motivation à la fois religieuse, politique et sociale. Ceci en 1525 et 1526 et jusqu'à l'époque de Max Gandolf. C'est pourquoi le prince séculier fit toujours taire en lui le prince religieux, ce qui ne devait pas trop le déranger. A l'exception de l'archevêque Friedrich von Walchen, au

13ème siècle, ils étaient tous étrangers au pays.
Rupert (696—718) et Virgile (745—784) sont les heureux aïeux de ce pays. C'était des saints et seuls les marais et les forêts leur résistaient.
On dit de Salzbourg que la ville est belle. On le dit également du Pays de Salzbourg. La ville a le poète Georg Trakl pour témoin. «La belle ville», c'est ainsi qu'il intitula un poème. Si l'on dit Salzbourg est belle ou si l'on dit Salzbourg est une belle ville, il y a une différence. C'est d'abord une beauté que l'on sent et c'est ensuite une beauté à laquelle on croit. Et les on-dit reflètent toute une promesse publicitaire. Les dépliants ont leur propre vérité. En ce qui concerne Salzbourg, il est recommandé de vérifier ces on-dit du haut d' une montagne qui entoure la ville ou du haut d'une montagne des environs, du Mönchsberg, du Kapuzinerberg ou du Gaisberg.
De nos jours, Georg Trakl ne pourrait plus intituler son poème de la même manière. Salzbourg, dont Alexandre von Humboldt a dit que c'est l'une des trois plus belles villes du monde, ressemble à un vestige de l'Histoire, à un joyau enchâssé entre la forteresse, le Mönchsberg et la rivière Salzach. Ils conservent et préservent les traits d'un vieux site. De l'autre côté du Kapuzinerberg, il faut du flair pour déceler l'aspect du moyen âge de la Steingasse. Le reste date des 19ème et 20ème siècles et de leur témérité.
La forteresse de Salzbourg fut démantelée en 1861 et les fortifications de la ville, les fossés, les douves et les portes devinrent propriété de la ville en 1866. Des citadins à l'esprit commerçant démolirent rapidement la dot des Habsbourg, l'héritage devint utilitaire. Ce fut sans doute un exemple pour les descendants à l'époque après la deuxième Guerre mondiale. Grâce au béton et aux nouvelles techniques, ils sacrifièrent la nature et le passé à l'esprit de lucre. Et les villageois zélés eurent hâte d'en faire autant et de former une banlieue de Salzbourg, même loin de la ville. C'est ainsi que cet héritage fut dilapidé. D'autant plus que la conscience des bourgeois ne s'embarrassait pas trop de la responsabilité pour l'héritage du passé. En comparaison de la magnificence des princes, elle n'avait qu'une existence très confuse. Il en était de même en ce qui concerne la présence politique de la bourgeoisie de Salzbourg. Un essai plus ou moins conséquent d'obtenir une liberté partielle ne fit pas chorus et ne se traduit que par une anecdote: quand l'empereur Frédéric III promulgua sa Grande Lettre des Libertés Municipales, les bourgeois de Salzbourg pensaient avoir tous les droits d'une Ville libre de l'Empire. Il n'en fut rien. Le 22 janvier 1511, l'archevêque Léonhard von Keutschach invita le maire et les échevins à prendre part à un repas et les fit prisonniers. Ils furent ensuite tous embarqués dans un traîneau ouvert et menés à Radstadt en compagnie du bourreau. On dit que les douze convives devaient être décapités à Mauterndorf mais que l'archevêque changea d'avis. Il est vrai que les détenus, transis de peur et de froid, croyaient leur dernière heure venue. L'exemple ne resta pas sans effets et l'ordre établi persista encore durant trois cents ans.
Il faut dire que la bourgeoisie de Salzbourg fut toujours pusillanime et tatillonne. La chronique de la résistance et des soulèvements contre une puissance étrangère, contre les Bavarois et les Français, à l'époque de Napoléon, relate les exploits de paysans et de mineurs et cite des noms de villages et de bourgades en montagne. Mais on ne relate rien de glorieux pour les bourgeois. Ils n'étaient pas

riches et leur existence dans la pénombre ne suscita aucune culture. On voit donc que Wolf Dietrich von Raitenau n'eut que peu de scrupules en faisant démolir quelques douzaines de maisons bourgeoises, pour gagner de l'espace et de la lumière, au profit de Vincenzo Scamozzi et de ses perspectives architecturales d'une ville idéale avec cinq places.

En fin de compte, quand la cathédrale brûla, le 11 décembre 1598, l'archevêque en fut fort peu touché.

Si ça brûle, il faut le laisser brûler, aurait-il dit à ceux qui lui annonçaient le malheur. Ce qui brûlait, c'était la basilique dont la construction datait de 1181, sous Conradin de Wittelsbach. Auparavant, Salzbourg et ses églises avaient été incendiés par les tenants de Frédéric Barberousse, durant la Querelle opposant le pape à l'empereur.

Et quand on réfléchit au nombre des agglomérations mises à sac et incendiées au cours de âges, on doit tout le respect aux archéologues. Ceux-ci mettent au jour des fondations enfouies sous terre, car tout ce qui se trouvait au-dessus est détruit, et nous donnent la continuité de la culture, une culture qui ne subsisterait que dans les livres de lecture de certaines générations.

Wolf Dietrich von Raitenau fut le plus efficient démolisseur de Salzbourg. Mais il a également démoli l'étroitesse et les miasmes, avec un sens romain vif et perçant. Et bientôt Vincenzo Scamozzi fut sur place, le célèbre élève de Paladio. Il prit les dimensions architecturales que Santino Solari devait achever une génération plus tard. Et partout où les siècles détruisent et construisent, on construit de manière à laisser une rétrospective de ses propres valeurs, de manière à laisser un style, un sens historique que la destruction constitue un changement. En considérant ce fait d'une manière critique, une telle appréciation ressemble plus à une post-motivation: trouver un but et un sens à la destruction. De nos jours, ce procédé fait partie de l'attirail des démolisseurs se trouvant dans les mairies et autres institutions. En réalité, Raitenau détruisit suivant une imagination totale qu' il avait de la ville. Ainsi, il lia ses successeurs, de Markus Sittikus jusqu'au comte Sigismond Schrattenbach, sans compter le détour que fit Johann Ernst en s'attachant l'architecte Johann Bernard Fischer von Erlach. Celui-ci et son rival, Lukas von Hildebrandt, appelé par l'archevêque Franz Anton, affranchirent Salzbourg de son italianité et y établirent le Baroque autrichien, conformément à la tendance venant de Vienne.

Quand on voit des vieilles vues de la ville, on médite et l'on se demande si Wolf Dietrich a agi avec perte ou profit en démolissant la ville du moyen âge partie par partie, comme si elle était encombrante. En comparaison avec la basilique de Conradin III, la cathédrale de Santino Solari est un échange qui fait mal. Quand on voit le changement structurel de la ville, sa croissance et sa variété de styles, on souhaiterait que Wolf Dietrich eut régné un demi siècle de plus.

★

La ville de Salzbourg ne se trouve pas au milieu du Pays de Salzbourg. L'œil scrutateur décèle une ville aux belles proportions. La rivière Salzach traverse la ville. Elle fut endiguée au siècle dernier et l'on construisit des maisons sur les deux rives. Le Kapuzinerberg et le Mönchsberg font l'équilibre de cette vue. Et si l'on considère les environs du haut de ces montagnes, de préférence du haut du Mönchsberg, la vue porte au loin. Au sud se dressent des montagnes, à l'est on aperçoit le

Gaisberg, au sud-ouest le Staufen. Et l'on peut dire que cela donne de l'air et de l'espace à la ville et au Pays du même nom, un Pays qui a son caractère où la vue s'arréte derrière les montagnes se trouvant au sud. C'est sans doute pour cette raison que jadis la barrière rocheuse que forment le Tennegebirge et le Hagengebirge était considérée comme une frontière intérieure, une frontière séparant le «Aussengebirg» du «Innengebirg». Pour s'orienter, c'est plus facile que la délimitation usuelle en Flachgau, Tennengau, Pongau, Pinzgau et Lungau. d'autant plus qu'aucune carte ne donne au randonneur des indications sur l'endroit où il quitte une région pour entrer dans l'autre, ni ne donne des indications sur le fait que le Flachgau a des montagnes du haut desquelles on peut le contempler. Et si, du point de vue géographique, il est incertain de savoir où l'on se trouve exactement, le parler des gens de l'auberge où l'on mange son casse-croûte vous en donne la certitude.
Et c'est ainsi qu'il sait également ce qu'est et qui est un Salzbourgeois. Au fond, il n'existe pas, mais bien des autochtone du Flachgau, du Tennegau, du Pongau, du Pinzgau et du Lungau. Pour les gens habitués à vivre et à penser dans de grands espaces, c'est une chose bizarre. Mais si les clôtures qui séparent ces régions ne sont pas rectilignes, les gens qui vivent derrière ces clôtures sont très distincts les uns des autres. Au contraire des paysages de collines et de cuvettes naturelles de la Haute-Autriche, des paysages qui forment les habitants de cette région, le paysan du Flachgau est introverti, peu sociable, plutôt taciturne, mais très conscient de lui. Et s'il accepte quelqu'un, il lui garde une entière fidélité, même dans les mauvais jours.
Bien que se trouvant à portée de fusil dans le Tennengau, l'Aussergebirg est proche et les habitants du Tennengau sont d'une autre souche. Ils se distinguent par un caractère vif, cordial, à l'esprit vivace. Le paysan de cette région demeure le plus souvent sur une pente ensoleillée, dans une petite ferme, au-dessus des brumes de l'automne, en pleine clarté et sans ombre. Il vit sans trop se hâter. Et même les vaches ont bonne mine. En toute quiétude elles font entendre leurs sonnailles sur les alpages; elles y sont pour se reposer, et non pour engraisser comme dans le Pinzgau.
Les habitants du Pongau ont encore toutes les horreurs de l'expulsion des protestants dans le sang, des traces de cet héritage dans l'instinct et dans la mémoire. C'est dans cette région que jadis les missionnaires catholiques furent les plus durs. Le danger permanent engendre chez les gens des mécanismes protecteurs. Il serait mortel de montrer ouvertement l'adversité, le camouflage sauve, évite la mainmise. C'est pourquoi le visage coutumier est empreint de gentilesse. Il faut le savoir pour comprendre beaucoup de choses. Autrement un petit verre de «Schnaps» peut y contribuer. C'est ici un moyen de compréhension coutumier.
On dit de l'habitant du Pinzgau qu' il se distingue par une forte conscience de luimême, comme l'habitant du Tyrol dont il est voisin. C'est pourquoi certains de ses mots sont parfois plus forts que la chose dont il s'agit. Ce qui l'incite à de plus grandes performances. Et les valets des grandes fermes doivent s'en ressentir. Les beaux jours des romans de Franz Innerhofer sont ceux que l'habitant du Pinzgau a encore çà et là dans le calendrier. Mais il ne le comprend pas toujours. Tout comme il a des difficultés à avouer ses propres fautes. Mais ils sont tous hospitaliers et généreux.

Mais ce n'est que dans le Lungau qu'on se demande s'il faut faire usage des mots tu ou vous en parlant avec un paysan, tellement il fait sentir ses anciennes origines. Cette vallée est située à plus de mille mètres d'altitude. Elle n'est accessible que par des sentiers alpins quand on vient de l'ouest et par quelques cols de montagne quand on vient du nord ou du sud. Il y a à peine une décennie, ces cols étaient souvent inaccessibles en hiver, en raison des dangers d'avalanche. On pouvait également y aller en passant par la Styrie. A présent, une autoroute traverse toute la région. Elle est surtout connue pour se rendre à Jesolo. Mais les habitants du Lungau préfèrent encore les cols de montagne; ce qui est plus beau et plus sain que le passage par des tunnels empestés. C'est sans doute pour cette raison que les habitants du Lungau ont encore bon pied bon œil, un bon souffle, à l'époque où le progrès les fit disparaître chez les autres. C'est pourquoi l'habitant est plutôt réfléchi, presque philosophe, mais expressif et habile dans son élocution. Il est vrai qu'il parcourut tous les pays jusqu'à la Mer Noire durant des siècles, pour y faire la castration des animaux. Il ramena ses conceptions des choses dans la vallée entre les Tauern et le Nocken au sud. D'autant plus qu'ailleurs il fut toujours plus habile en affaires que ses congénères de l'Innergebirg.

★

Si les archevêques étaient en premier lieu engagés pour leur propre cause, cette cause fut quand même toujours Salzbourg, même si ce nom était synonyme de pouvoir personnel et de représentation. Et tout ceci n'est pas mauvais et constitue même une rime rare de tout ce dont on se souvient: comment toutes ces terres, ressemblant aux lambeaux épars d'un domaine seigneurial, contribuèrent à former un territoire, une entité politique. A partir de la fondation du monastère de St. Pierre, avant 700, sur le sol de l'ancienne Juvavum des Romains, par l'évêque franc itinérant Rupert, jusqu'au seuil du douzième siècle, les biens de l'église de Salzbourg étaient exclusivement constitués par des donations, des achats et des échanges. La Croix et non le glaive présida à l'acquisition des nouvelles terres. Du fait que les diverses possessions des archevêques n'étaient pas partout des possessions territoriales et que les archevêques n'y exerçaient que des droits de propriétaires fonciers, une importante partie de ces terres passa aux puissants Habsbourg à partir du quinzième siècle. Les limites actuelles du Pays de Salzbourg datent du dix-neuvième siècle, quand une ordonnance impériale lui donna le statut de Pays de la Couronne, en 1850, presqu'un demi siècle après la sécularisation de l'abbaye archiépiscopale. Ce qui commença ainsi ressemble au bulletin de santé d'un malade: l'archevêque et comte Hieronymus Colloredo abdiqua le 11 février 1803; le quinze du même mois, l'archiduc Ferdinand d'Autriche et grand duc de Toscane devint le maître de Salzbourg; les Français occupèrent la ville et le Pays de Salzbourg le 30 octobre 1805; François Ier déclara la guerre à Napoléon le 7 avril 1809; les Bavarois et les Français occupèrent la ville à la fin du mois d'avril; Salzbourg passa à la Bavière le 30 septembre 1810 et le 14 avril 1816 à l'Autriche; la Diète de Salzbourg existe depuis 1861 ...
Ce sont là des dates et des marques de la destitution politique. Salzbourg avait perdu le quart de sa population au cours d'une décennie. En 1818, l'incendie de la ville, sur la rive droite de la Salzach, détruisit soixante-quatorze maisons et en-

dommagea le château Mirabell. Les ruines s'y trouvaient encore vingt ans plus tard. En 1825, Franz Schubert notait que de nombreuses maisons étaient vides et que certaines n'étaient habitées que par une, tout au plus par deux ou trois familles. L'herbe poussait sur les nombreuses et belles places publiques, entre les pavés, tellement ces places étaient peu fréquentées. En 1818, le peintre paysagiste Heinrich Reinhold s'étonne, sans doute encore avant l'incendie, que depuis quelques années la ville est de plus en plus visitée par des étrangers; son carnet de route donne les premiers témoignages que la ville, politiquement déchue, commence à revivre, comme sujet des beaux-arts, comme dépliant et finalement comme scène. C'est ainsi également qu'en Occident l'Antiquité est retracée comme un phénomène de prototype esthétique, dont la pureté n'est troublée que par quelques batailles. De toute façon, les peintres qui ont découvert Salzbourg par le pinceau et pour les yeux en donnent une vue abstraite et émancipée. Comme si la beauté était une conséquence de l'impuissance. Les lithographies de Salzbourg de Ferdinand Olivier reproduisent la ville à une époque où elle atteignit une réputation culturelle qui est devenue suprarégionale quand son déclin politique était au plus bas. Cela dépend sans doute du fait qu'à l'encontre du dix-septième siècle les œuvres du Baroque manquent. Les artistes se sentent obligés de reproduire des paysages du dimanche, avec des gens endimanchés, se promenant et regardant, sans se soucier de la pluie, du travail ou des soucis. Seul le tableau de Hubert Sattler reproduisant l'incendie de Salzbourg en 1818 rappelle que la ville n'est quand même pas le Paradis avant le Péché originel. Au début de ce siècle, l'historien d'art Alois Riegl écrit qu'à l'époque où l'on se détourne de l'art italien les beaux-arts sont en stagnation à Salzbourg et que les besoins artistiques sont sans élan et sans prétendre à une plus grande monumentalité. L'importance de Salzbourg pour l'histoire de l'art réside dans le fait que la ville fut toujours une grande porte ouverte au goût italien . . .

Il faudrait compléter ce jugement. Salzbourg fut de tout temps une porte ouverte à toutes les cultures. Autrement, il n'y aurait pas eu ici une culture de format européen. L'attrait de Salzbourg résidait dans sa situation et ensuite dans son paysage. Les habitants n'y entraient guère en ligne de compte, pas plus qu'ils ne comptaient dans l'histoire de l'art qui éclôt à Salzbourg. Cette ville fut toujours le lieu où agirent des gens venus d'ailleurs. Cette abstinence dans l'art des Muses semble s'accompagner d'une certaine irascibilité qui, suivant les circonstances, se donne un air commerçant ou social: les fêtes données par les archevêques ne suscitaient qu'un intérêt grognon en raison des frais qu'elles entraînaient. Et quand il s'agit de la construction d'un bâtiment pour le Festival, le citoyen de Salzbourg réclame un école ou un hôpital. Et pour répondre d'emblée à une exclamation: il ne faut pas fixer ses regards uniquement sur Wolfgang Amadée Mozart, le grever post mortem et laisser deux milles ans sans considération, comme si 1756 était l'Avent, l'Avent de Mozart — ce serait une poésie d'interprétation désavouée par le récit qui suit, car les habitants de Salzbourg se sont fort bien passés de Mozart durant un demi siècle, sans se charger la conscience. Et c'est ici qu'il faut évoquer l'engouement de Hugo von Hofmannsthal pour Salzbourg, l'Europe centrale n'ayant aucun site aussi beau que celui où naquit Mozart. Et il devait y naître, l'heure étant venue pour sa mère. Et les

Mozart, des Souabes, étaient venus d'Augsbourg à Salzbourg. Ils eurent d'autant plus volontiers accès à l'Orchestre de la Cour, que celui-ci se défendait d'accepter chez lui des Bavarois et des Autrichiens. Il faut donc bien considérer Mozart comme un Salzbourgeois par le baptême, mais cette ville ne fut jamais réellement la sienne. Son comportement et son humeur étaient ceux d'un récalcitrant. D'autant plus que son père le soutenait d'une manière égoïste et qu'il était ingrat envers celui où il était en service. Mozart était bien un enfant de cette ville, mais il ne fut jamais son fils.

Par contre, on peut dire que Salzbourg a donné au monde les compositeurs et auteurs du chant de Noël «Douce nuit, sainte nuit». Que la science considère ce chant comme musique populaire ou comme mélodie sans teneur artistique a peu d'importance sur son rayonnement et la durée de sa popularité. Peu après sa première présentation au public, ce chant se détacha de ses auteurs et devint courant. Les auteurs sont oubliés depuis longtemps et il a fallu de la peine pour les retrouver et les identifier. Et si l'Orchestre de la Cour de Berlin n'avait pas fait des recherches et faussement attribué ce chant à Michael Haydn, il serait probablement resté sans auteur. En 1895, Franz Magnus Boehme, qui collectionnait les chants populaires allemands, décrivit les éléments qui ont concouru à l'origine de ce chant:

Chanté par les enfants dans toute l'Allemagne et écouté avec plaisir par leurs parents, ce chant n'est pas un chant populaire du Zillerthal, importé par des immigrants, il n'est pas non plus dû à Michael Haydn ou à Aiblinger. Après des recherches approfondies, il faut l'attribuer à Joseph Mohr, prêtre auxiliaire à Oberndorf, près de Salzbourg, et qui en écrivit le texte. Son ami, le compositeur Franz Gruber, écrivit la musique le 24 décembre 1818. Il était alors instituteur et organiste à Arnsdorf, un village voisin, en-dessous de Laufen (près de Salzbourg). Il fut chanté pour la première fois le 24 décembre 1818, dans l'église d'Oberndorf. L'orgue étant inutilisable, il fallut s'accompagner d'une guitare; le compositeur chantait la deuxième voix; des chanteuses venues du village formaient un chœur et répétaient les deux derniers versets. Ce chant remporta tous les suffrages et eut un grand rayonnement.

★

Chaque été, quand le président fédéral d'Autriche se réjouit d'inaugurer le Festival de Salzbourg, de nombreux habitants chantent les louanges de ce Festival et tous sont d'accord: les hommes politiques, les commerçants et les aubergistes. Ils sont reconnaissants que ce Festival existe, mais ils ne savent guère à qui ils doivent cette reconnaissance. Et s'ils le savaient, leur fierté et leur certitude ne seraient plus aussi sûres. Car les initiateurs du Festival, Hugo von Hofmannsthal, Max Reinhardt, Richard Strauss, Alfred Roller et Franz Schalk, n'étaient pas originaires de Salzbourg. Ils formaient une sorte de conseil culturel définissant le début et le programme du Festival. Et, en ce qui concerne les intentions artistiques et leur réalisation, aucun des initiateurs ne s'est jamais soucié de l'idée d'un habitant de Salzbourg. Dans notre cas, les mots d'Alois Riegl, suivant lesquels Salzbourg est une porte largement ouverte, s'avèrent justes: Salzbourg est la scène sur laquelle tous ceux aui ont franchi cette porte peuvent agir. Le théâtral, la scène d'une architecture baroque, la variété des lieux où se déroule le Festival ainsi que l'espoir de l'action artistique devant un public

mondial, à l'écart de la grande ville et de ses formes rationnelles et calculées, d'un théâtre qui ne dépérisse pas socialement, tout ceci se résume dans la courte formule de Max Reinhardt: la ville comme scène et qui fait du Festival un événement de tous les arts. Hofmannsthal écrivit que Salzbourg devait être l'esprit englobant le caractère du Festival, des festivités, non seulement de sa sérénité et de sa gaieté, mais aussi de notre époque et non pas de l'obscur et du sombre, sans élan et sans espoir, de l'ordinaire et de ce qui est sans consécration ... Au-delà des siècles, c'est une idée qui l'unit avec celle du Festival baroque de l'archevêque Markus Sittikus.
L'idée du Festival de Salzbourg, son idéologie, comme elle fut mise en scène par Hugo von Hofmannsthal et Max Reinhardt, non sans quelques pertes fut, dès la première représentation de «Jedermann» devant la façade de la cathédrale, le 20 août 1920, le sujet d'attaques et de défenses et la question de savoir s'il fallait une idée ou si l'inspiration du programme suffisait, une inspiration devant se légitimer par la perfection de la réalisation. Mais le calcul le plus bénin a ses protagonistes, c'est-à-dire de placer l'inspiration au deuxième rang et de ne faire que de la perfection dans la mesure où l'effet commercial correspond à la rentabilité de l'entreprise. S'appuyant sur les multiples utilités de la performance artistique, cette version est prédominante. Et c'est ainsi que tous ceux qui donnent des subventions ainsi que la Cour des Comptes ont tous les atouts en main, l'esprit n'étant par contre qu'une feuille vierge.
C'est dès 1918 que Max Reinhardt s'opposait à un théâtre du Festival pour des artistes en tournée (d'abord), pour un public voyageur et des artistes itinérants, parce que ce serait un théâtre d'hôtel et que l'art ne s'y sentirait pas chez lui. Lors de la pose de la première pierre d'un théâtre dans le parc de Hellbrunn, on pu entendre qu'il fallait dire aux gens qu'il ne s'agissait pas ici de la fondation d'une industrie touristique et que le théâtre du Festival n'était pas une baraque pour une fête foraine annuelle, pour des bambocheurs, des viveurs, des désœuvrés, des têtes vides et des snobs ...
De nos jours, personne ne sait où se trouve cette pierre fondamentale.

★

Comme tout le continent, la ville et le Pays de Salzbourg sont pris dans la tension existant entre la conservation de leur physiognomie et sa destruction utilitaire. La quantité croissante et à accroître, l'augmentation des valeurs de l'activité humaine, touche d'abord profondément des formes et des formations d'ordre esthétique, car les critères de la forme sont sujets au changement d'une seule particularité. Or, la beauté de la nature et de la configuration architecturale de la ville ne sont pas faites uniquement pour les yeux; ce sont les signes extérieurs de la continuité organique de l'évolution de la ville. A première vue, on ne peut déceler si la bourgeoisie de Salzbourg avait suffisamment de fantaisie et de force pour réaliser sa propre représentation culturelle, les facteurs économiques étant pour ainsi dire inexistants. Il manque toutes les conditions préalables pour de grandes maisons de commerce de type hanséatique. Le commerce et l'artisanat fournissaient tout ce qui était nécessaire, comme Alois Riegl le disait des arts. Et il en est ainsi jusqu'à nos jours, la bourgeoisie de Salzbourg a conservé la même tournure mentale. En 1842, on se souvient de Mozart, on lui érigea un monument, on fit de la musique et l'on organisa d'autres mani-

festations. On espérait que le culte de Mozart attirerait un nombre croissant de touristes et, par conséquent, des revenus croissants pour les citoyens de la ville . . .
Au cours d'une promenade, il est captivant de voir comment Wolf Dietrich accula littéralement les habitants dans les recoins de la ville. Dès qu'on quitte les ruelles et que l'on arrive sur la Residenzplatz, il est tout aussi captivant de sentir l'espace et la clarté. On a devant soi la forteresse et la cathédrale et l'on sent la verticalité spirituelle du Baroque. L'architecture n'est pas seulement une coulisse inspirant la mise en scène, même la Foi se reflète dans la Puissance de Dieu, consacrée dans les contours et dans la pierre. Le monument d'architecture comme substratum métaphysique — c'est le sanctuaire et la cathédrale. C'est Salzbourg, la ville princière. Il se pourrait fort bien que quelqu'un n'est pas en route pour ces raisons, mais plutôt pour examiner pour quelles raisons le Salzbourgeois considère comme un avantage le fait d'être à Salzbourg, ce qui est plus que d'habiter à Salzbourg. Il peut pousser ses investigations plus loin — le marché sur la Universitätsplatz, au pied de la Kollegienkirche de Fischer von Erlach, donnerait un excellent motif. C'est ici que la vie a encore ses formes urbaines, des formes urbaines pour lesquelles les gens viennent en ville depuis des générations. Le marché est le glacis du comportement urbain; c'est aussi une sorte d'agora grec, le lieu où la vie interne urbaine s'extériorise dans la rencontre, la présentation et la conversation. On se connaît, on se dit bonjour, on bavarde et l'on apprend ce qu'il y a de neuf et ce qu'il est important de savoir ce qui ne l'est pas. Seule la communication est importante et compte, non pas le contenu qui est interchangeable. Sur ce marché on sent également l' influence italienne. Trois frères viennent chaque semaine d'Udine ou de Vérone et apportent des légumes, des fines herbes, des champignons et des fruits, de telle sorte que ces infatigables voyageurs du Midi améliorent l'ordinaire des Salzbourgeois, sans quoi — comme le note ironiquement Alois Riegl — ceux-ci devraient se contenter de choucroute, de choux, de pommes de terre et de carottes et de tout ce qui pousse ici depuis des siècles et que l'on engrange durant l'époque du froid et de l'obscurité . . .
En ce qui concerne le Pays de Salzbourg, il faut dire qu'il a de belles et de vertes campagnes, très variées, et dont on ne voit les particularités qu'en allant sur place. Surtout là où le plus fieffé menteur du tourisme ne pense pas faire venir des skieurs ou des baigneurs sur les plages.
D'accord, les maires de ces villages ont difficile à être représentés dans la statistique et le pourcentage de la croissance économique, mais certains ont un avenir «vert» dont on disait jadis qu'il est rose.
Pour calculer la richesse de la ville et du Pays de Salzbourg, également de la région de l'Innergebirg, il faut remonter à l'époque qui précède l'incendie de la ville, quand l'Histoire commença à enregistrer les pertes. Même si elles ont déjà le volume d'un gros livre, on continue de les enregistrer. Les maîtres d'œuvre de la cathédrale ont quitté le millénaire des archevêques, l'entrée des ingénieurs va de pair avec la sécularisation et la bourgeoisie. Pour eux, l'Histoire de Salzbourg est de la pierraille. Les besoins métaphysiques se désèchent, le sens historique dégénère. Il est très difficile d'écrire sur Salzbourg et le Pays de Salzbourg sans écrire une élégie.

Die Bischofs- und Bürgerstadt
City of bishops and burgesses
La ville épiscopale et bourgeoise

Einer der Türme und die fast gleich hohe Kuppel des Doms; rechts der Turm der Peterskirche.

One of the Cathedral spires and its lofty dome; to the right, the spire of St. Peter's Church.

Une des tours et la haute coupole de la cathédrale; à droite, la tour de l'église St-Pierre.

Gleich einem liebevoll gestalteten Bühnenbild: die Altstadt mit der Festung Hohensalzburg, gesehen vom rechten Salzachufer.

Reminiscent of a lovingly arranged stage set: the old city and the fortress of Hohensalzburg, seen from the right bank of the Salzach.

Comme une charmante scène de théâtre: la vieille ville et la forteresse de Hohensalzburg, vue prise de la rive droite de la Salzach.

1

2

1 Die Kirchen, ihre Kuppeln und Türme, bestimmen die Silhouette der Stadt: Kollegienkirche, Dom und Stiftskirche Nonnberg. 2 Blick in die Kuppel des Doms. Der Salzburger Dom wurde nach Plänen von Santino Solari zwischen 1614 und 1655 erbaut; seine Fassade, die erste Doppelturmfassade der nachmittelalterlichen transalpinen Architektur, fand zahlreiche Nachfolger.

1 The domes and spires of the churches define the city's silhouette: the Collegiate Church, the Cathedral and Nonnberg Convent Church. 2 Looking into the dome of the Cathedral. Salzburg Cathedral was built between 1614 and 1655 according to Santino Solari's plans.

Ce sont les églises, leurs coupoles et leurs tours qui déterminent la silhouette de la ville: la collégiale, la cathédrale et l'abbatiale du Nonnberg. 2. Vue à l'intérieur de la coupole de la cathédrale. La cathédrale de Salzbourg fut érigée selon les plans de Santino Solari entre 1614 et 1655.

1

2

3

4

1, 3 In der Getreidegasse Nr. 9 steht Mozarts Geburtshaus (3), aber nur die Fassade zum Universitätsplatz (1) zeigt sich noch im Rokokoschmuck, so wie zur Zeit Mozarts das gesamte Haus gestaltet war. 2 Innenhof eines Bürgerhauses der Getreidegasse. 4 Büste vom Mozartdenkmal am Kapuzinerberg.

1, 3 Mozart's birthplace (3) is at no. 9 in the Getreidegasse, but only the façade on the Universitätsplatz (1) has retained its rococo decorations as in Mozart's day. 2 Inner courtyard of a house in the Getreidegasse. 4 Bust of Mozart from his memorial on the Kapuzinerberg.

1, 3 La maison natale de Mozart se trouve dans la Getreidegasse n° 9 (3), mais seule la façade en direction de la Universitaetsplatz (1) montre des ornements du Rococo, toute la maison en était imprégnée à l'époque de Mozart. 2 Cour intérieure d'une maison bourgeoise dans la Getreidegasse. 4 Monument de Mozart sur le Kapuzinerberg.

1

1 Sommermorgen am Mozartplatz. 2 An einem Regentag in der Getreidegasse. 3 Das „Andretter-Haus“ (1592; umgestaltet 1765–1793) am Mozartplatz. 4 Gasthausschild in der Getreidegasse.

1 Summer morning on the Mozartplatz. 2 A rainy day in the Getreidegasse. 3 The “Andretter Haus” (1592; rebuilt 1765–1793) on the Mozartplatz. 4 Inn sign in the Getreidegasse.

1 Un matin d’été sur la Mozartplatz. 2 Un jour de pluie dans la Getreidegasse. 3 La maison «Andretter-Haus» (1592; remaniée en 1765–1793; elle se trouve sur la Mozartplatz. 4 Enseigne d’auberge dans la Getreidegasse.

2

3

4

Salzburger Schnürlregen am Domplatz.

The Domplatz in the rain.

La caractéristique pluie de Salzbourg, Domplatz.

Klaus Maria Brandauer, Hauptdarsteller im traditionellen „Jedermann" bei den Salzburger Festspielen 1984.

Klaus Maria Brandauer, leading actor in the traditional "Everyman" play at the 1984 Salzburg Festival.

Klaus Maria Brandauer, le principal acteur de la traditionnelle représentation de «Jedermann», Festival de Salzbourg 1984.

1

1–3 Der 1656–1661 entstandene Residenzbrunnen, eine der prächtigsten barocken Brunnenanlagen Österreichs; sein Schöpfer ist nicht bekannt.

1–3 Built in 1656–1661, the Residenzbrunnen is one of Austria's most magnificent baroque fountains; its creator is unknown.

1–3 Fontaine de la Résidence datant de 1656–1661, une de plus belles fontaines baroques d'Autriche; son créateur est inconnu.

2

1

1 Thronende Madonna (Michael Pacher, 1496; Jesuskind 1895 hinzugefügt) vom Hochaltar der Franziskanerkirche. 2 Gotischer Chor der Franziskanerkirche (1. Hälfte 15. Jh.).

1 Madonna enthroned (Michael Pacher, 1496; child Jesus added in 1895), from the high altar of the Franciscan Church. 2 Gothic chancel in the Franciscan Church (1st half of 15th cent.).

1 Madone sur le trône (Michael Pacher, 1496; l'Enfant Jésus y fut ajouté en 1895), maître-autel de l'église des Franciscains.
2 Chœur gothique de l'église des Franciscains (1e moitié du 15e siècle).

2

1

1–4 Die Stiftskirche Nonnberg, erbaut in spätgotischer Zeit (1464–1507) auf dem Grundriß der romanischen Vorgängerkirche unter Einbeziehung von Teilen des alten Portales (1). Auch die Nischen mit Fresken (um 1140) unter dem alten Nonnenchor blieben erhalten (2).

1–4 Nonnberg Convent Church, built in the late Gothic era (1464–1507) upon the foundations of its Romanesque predecessor and incorporating parts of the old porch (1). The niches with frescos (ca. 1140) beneath the old nuns' chancel also survived (2).

1–4 Abbatiale de Nonnberg, construite en Gothique flamboyant (1464–1507), sur les fondations d'une ancienne église romane, des parties de l'ancien portail furent conservées (1). Les niches avec les fresques (vers 1140) sous l'ancien chœur des nonnes furent également conservées (2).

2

3

4

3 Christuskopf von einem Mysterienkreuz (um 1300) in der Klausur des Frauenklosters Nonnberg.

3 Head of Christ from a mystery cross (ca. 1300).

3 Tête de Christ d'une ancienne Croix du Mystère de la Passion (vers 1300).

Die „Goldene Stube“ mit dem prächtigen Kachelofen (dat. 1501) ist das berühmteste von den Fürstenzimmern der Festung Hohensalzburg.

The “Golden Room” with its magnificent tiled stove (dated 1501) is the most famous of the state rooms in Hohensalzburg Fortress.

La «Goldene Stube» avec magnifique poêle de faïence (daté 1501) est la plus célèbre pièce princière de la forteresse de Hohensalzburg.

Denkmal für den Erz-
bischof Leonhard von
Keutschach (dat.
1515) an der Außen-
wand der Burgkapelle
von Hohensalzburg.

Memorial to Arch-
bishop Leonhard von
Keutschach (dated
1515) on the outside
wall of the castle
chapel at Hohensalz-
burg.

Monument de l'arche-
vêque Léonhard von
Keutschach (daté
1515) au mur extérieur
de la chapelle de la
forteresse de Hohen-
salzburg.

1

2

3

1 Winterliche Altstadt mit Dom und Festung. 2 Jännermorgen an der Salzach. 3 Wie vor Jahrhunderten steht es noch immer einsam zwischen den Feldern (heute inmitten der Stadt): das „Krauthäusl“, ehemaliges Flurwächterhaus der Abtei St. Peter.

1 The wintry city with the cathedral and the fortress. 2 A January morning on the Salzach. 3 Once the field watchman's house of St. Peter's Abbey, the "Krauthäusl" still stands in solitude amidst the fields (now in the centre of the town), as it did centuries ago.

1 La vieille ville en hiver avec la cathédrale et la forteresse. 2 Un matin de janvier au bord de la Salzach. 3 Elle s'y trouve encore comme il y a des siècles, au milieu des campagnes (de nos jours au milieu de la ville: la «Krauthäusl», l'ancienne maison du garde champêtre de l'abbaye St-Pierre.

Die Stiftskirche St. Peter, nach Vorgängerbauten zwischen 1130 und 1143 errichtet, erhielt nach mehreren Umbauten in der Zeit von 1753–1785 ihre heutige Gestalt und Ausstattung. Rechte Seite: Im Friedhof von St. Peter.

Built between 1130 and 1143, St. Peter's Church acquired its present appearance and its interior design in the period between 1753 and 1785. Right: In St. Peter's cemetery.

L'abbatiale St-Pierre, construite sur d'anciennes fondation entre 1130 et 1143; après plusieurs remaniements a son aspect actuel de 1753 à 1785. A droite: dans le cimetière de St-Pierre.

Hie liegt Herr Lorenz Stumpfögger Bürger u. Thumbcapitl Maurermeister gest. 13.9.1709 im 67. Jahr R·I·P
Hie liegt Herr Sebastian Stumpfögger Maurermeister u. Steinmetz gest. am 14.11.1749 R·I·P
Hie liegt Frau Maria Stumpföggerin geborene Sünhuberin gestorben am 16.10.1717 R·I·P
Stumpföggerin geborene Grueberin gest. 3.12.1708 im 67. Jahr R·I·P
Hie liegt Frau Klara Stumpföggerin geb. Hoserin gest. 14.11.1721 R·I·P
I
II
III
IV
V
VI
VII

Pferdebändigergruppe (von Bernhard Michael Mandl, 1695) in der Hofmarstallschwemme, die vermutlich nach Plänen Fischers von Erlach 1694/95 am Sigmundsplatz errichtet wurde.

Group of horses being subdued (by Bernhard Michael Mandl, 1695) in the horse-pond on the Sigmundsplatz, probably designed by Fischer von Erlach in 1694/95.

Groupe des dompteurs de chevaux (de Bernhard Michael Mandl, 1695) au manège Hofmarstall, probablement èrigè suivant les plans de Fischer von Erlach 1694–1695 sur la Siegmundsplatz.

Salzburger Schlösser
Salzburg's castles and palaces
Châteaux de Salzbourg

Herkules und Antäos, eine der vier Figurengruppen von Ottavio Mosto, 1690, um den Springbrunnen im Mirabellgarten.

Hercules and Antaeus, one of the four figure groups by Ottavio Mosto, 1690, around the fountains in the Mirabell Gardens.

Hercule et Antée, une des quatre statues dues à Ottavio Mosto, 1690, fontaine dans le jardin de Mirabell.

1

2

3

1 Die „Göttin Ceres" am Ausgang des Mirabellgartens, wahrscheinlich von Bartholomäus von Opstal, und Kopien der borghesischen Fechter (3) von Michael Bernhard und Andreas Götzinger. 2 Eine der Putten von Georg Raphael Donner im Treppenhaus des Schlosses Mirabell.

1 The goddess Ceres by the exit of the Mirabell Gardens, probably by Bartholomäus von Opstal, and copies of the Borghesian Fencer (3) by Michael Bernhard and Andreas Götzinger. 2 One of the putti by Georg Raphael Donner on the staircase of the Mirabell Palace.

1 La déesse Cérès à la sortie du jardin de Mirabell, probablement due à Bartholomée von Opstal et copies des Escrimeurs de Borghese (3) de Michael Bernhard et Andreas Goetzinger.
2 Un des chérubins de Georg Raphael Donner, escaliers du château de Mirabell.

1

2

1–3 Schloß Hellbrunn: 1 Im Schloßpark, im Bereich des „Römischen Theaters", ließ Erzbischof Markus Sittikus 1613–1615 Wasserspiele errichten. Aus den Sitzen um den Tisch konnte der Schloßherr zur Ernüchterung seiner Gäste Wasserstrahlen hochschießen lassen. 2 Fassade des Schlosses.

1–3 Hellbrunn Palace: Archbishop Markus Sittikus had 15 aquatic amusements installed in the area of the "Roman Theatre" in 1613–1615. The lord of the manor was able to surprise his guests by making jets of water shoot up from the seats — his own excepted — around the table. 2 The palace facade.

1–3 Château de Hellbrunn: l'archevêque Markus Sittikus fit érigé 15 jeux d'eau près du «Théâtre romain» en 1613. Pour ramener ses hôtes à la raison, et à l'exception de son propre siège, le châtelain pouvait déclencher des jets d'eau jaillissant du siège des convives. 2 Façade du château.

3

3 Fresken von Donato Arsenio Mascagni in der Kuppel des als Musikzimmer dienenden Oktogonpavillons.

3 Frescos by Donato Arsenio Mascagni in the cupola of the octagon pavilion which served as music room.

3 Fresques de Donato Arsenio Mascagni dans la coupole du pavillon octogonal servant de chambre de musique.

1 Das Wasserschloß Anif südlich des Stadtrandes von Salzburg, ursprünglich im 16. Jh. erbaut, wurde 1838–1848 im Stil der Zeit umgestaltet. Es ist genauso im Privatbesitz wie die spätbarocke Schloßanlage Leopoldskron (2–4), die 1918 von Max Reinhardt erworben wurde.

1 Originally built in the 16th cent., Anif Castle on the southern perimeter of Salzburg was reconstructed in the style of the day in 1838–1848. Like the late baroque Leopoldskron Palace (2–4) that was acquired by Max Reinhardt in 1918, it is private property.

1 Anif, un château entouré de douves au sud de la périphérie de Salzbourg, érigé au 16e siècle et remanié en style de l'époque en 1838–1848. C'est une propriété privée, tout comme le château de Leopoldskron, style de la fin du Baroque (2–4), qui fut acquis par Max Reinhardt.

1

2

3

4

Schloß Kleßheim, erbaut 1700–1709 von J. B. Fischer von Erlach für den Erzbischof. Heute – im Besitz des Landes – beherbergt es im Parterre einen Teil der Salzburger Unterrichtsanstalten für Fremdenverkehrsberufe.

Schloß Kleßheim, built 1700–1709 for the archbishop by J. B. Fischer von Erlach. Now the property of the Provincial Authority, it is used for representational purposes and houses ducational establishments.

Château de Klessheim, construit pour l'archevêque en 1700–1709 par J. B. Fischer von Erlach. De nos jours propriété du «Land» Salzbourg – sert pour des réceptions et abrite des Instituts de formation professionnelle pour le tourisme.

Das Alpenvorland: Bilder aus dem Flachgau

The foothills of the Alps: Flachgau scenes

Les pré-alpes: Motifs du Flachgau

Die Flügeltüre der Filialkirche Irrsdorf bei Straßwalchen. Der Künstler, der 1408 die Reliefs „Marias Begegnung mit Elisabeth“ schnitzte, ist unbekannt.

The folding door of Irrsdorf Church near Strasswalchen. The “Mary meeting Elizabeth” reliefs were carved by an unknown artist.

Battants de porte de l’église filiale à Irrsdorf près de Strasswalchen. L’artiste qui sculpta le relief «Rencontre de Marie et d’Elisabeth» en 1408 est inconnu.

1

2

3

1 Blick vom Zwölferhorn auf den Wolfgangsee mit St. Gilgen. 2 Der Fuschlsee mit dem Schloß Fuschl; im Bild links der Schober, im Hintergrund der Schafberg. 3 Bauer und Bäuerin aus St. Gilgen. 4 Blick vom Schafberg gegen Zwölferhorn und Osterhorngruppe.

1 View of the Wolfgangsee and St. Gilgen from the Zwölferhorn. 2 The Fuschlsee with Schloß Fuschl; to the left, the Schober, in the background, the Schafberg. 3 Farming couple from St. Gilgen. 4 View of the Zwölferhorn and the Osterhorn range from the Schafberg.

1 Vue prise du Zwölferhorn sur le Wolfgangsee et St-Gilgen. 2 Le Fuschlsee et le château de Fuschl; a gauche le Schober et à l'arrière-plan le Schafberg. 3 Paysan et paysanne de St-Gilgen. 4 Vue prise du Schafberg en direction du Zwölferhorn et du massif du Osterhorn.

4

1

2

Herbst 1984 wurde in Großgmain das Salzburger Freilichtmuseum eröffnet: 1 Tennengauer Einhof aus Waidach. 2 Das „Viertelhaus“, das Austragshaus eines Gutes aus Perwang im Flachgau. 3 Wasserrad einer Mühle aus Abern, Pinzgau. 4 Haustüre des Hofes aus Waidach (1). 5 Typischer Flachgauer Einhof aus Bergheim.

The Salzburg outdoor museum in Grossgmain was opened in 1984: 1 Tennengau farmhouse from Waidach. 2 House from a farm in Perwang, Flachgau. 3 Waterwheel from a mill in Abern, Pinzgau. 4 Front door of the Waidach farmhouse (1). 5 Typical Flachgau farmhouse from Bergheim.

3

4

C'est en automne 1984 que le musée en plein air de Salzbourg fut ouvert: 1 Ferme du Tennengau de Waidach. 2 La «Viertelhaus», maison d'un domaine de Perwang. 3 Moulin à eau de la région d'Abern, Pinzgau. 4 Porte d'une ferme de Waidach (1). 5 Caractéristique ferme solitaire de Bergheim.

Flachgauer Bauernhöfe bei Egg nördlich des Fuschlsees.

Flachgau farmhouses near Egg, to the north of the Fuschlsee.

Fermes du Flachgau près d'Egg, au nord du Fuschlsee.

Der Mattsee von Südosten, im Bild links der gleichnamige Markt mit dem Kollegiatsstift.

The Mattsee from the south-east; to the left, the village of the same name with the collegiate foundation.

Le Mattsee vu du sud-est, à gauche la localité du même nom et l'abbaye.

In der Stifts- und Pfarrkirche Mattsee. Die stuckumrahmten Deckenbilder wurden großteils anläßlich einer Renovierung 1851/52 von Josef Rattensperger geschaffen.

In Mattsee Church. Most of the ceiling paintings with stucco surround were created by Josef Rattensperger in 1851/52 in the course of renovation work.

L'église paroissiale et abbatiale de Mattsee. Les peintures de plafond entourées d'ornements en stuc remontent en grande partie à la restauration de l'église en 1851–1852 et sont dues à Josef Rattensperger.

Im Tennengau
In the Tennengau
Le Tennengau

Der untere Schwarzbachfall bei Golling, bekannt als „Gollinger Wasserfall“.

The lower Schwarzbach fall near Golling, known as the “Gollinger Waterfall”.

Le partie inférieure de la cascade du Schwarzbach près de Golling, connu sous le nom de «Cascade de Golling».

Spätherbst und erster Schneefall an den nördlichen Abhängen des Tennengebirges.

Late autumn and the first snow on the northern slopes of the Tennen range.

La fin de l'automne et la première neige sur les pentes nord du Tennengebirge.

1

2

3

4

2–4 Die Altstadt von Hallein, reich an Bürgerhäusern aus dem Mittelalter, zeugt vom frühen Wohlstand dieser Salinenstadt, der drittältesten Stadt des ehem. Erzstiftes Salzburg.

2–4 With its many mediaeval houses, the old town of Hallein bears witness to the early affluence of this salt-mining town, the third oldest town in the former archiepiscopate of Salzburg.

2–4 La vieille ville de Hallein, riche en maisons bourgeoises du moyen âge, témoignages de l'ancienne prospérité de cette ville des salines.

Nach einem seit Jahrhunderten überlieferten Zeremoniell tanzen am Sonntag nach dem 25. Juli die „Jakobischützen" von St. Jakob am Thurn und feuern Salven aus ihren „Prangstutzen" ab.

In accordance with a centuries-old tradition, the "Jakobischützen" of St. Jakob am Thurn perform their ceremonial dance on the Sunday after 25th July, firing salvoes from their "Prangstutzen".

Selon un cérémoniel ancestral, les «Jakobischützen» dansent le dimanche précédent le 25 juillet. A St-Jakob am Thurn ils tirent des salves de leurs vieux fusils.

1 Hochaltar der Pfarrkirche zum hl. Stephan in Oberalm, geschaffen 1707 von Georg Mohr, einem Schüler Meinrad Guggenbichlers.

1 High altar in the Parish Church of St. Stephen in Oberalm.

1 Maître-autel de l'église paroissiale de St-Etienne à Oberalm.

Löwe mit Kind, Marmor- Relief (um 1520) von der Kanzelstiege der Pfarrkirche Kuchl.

Lion and child, marble relief (ca. 1520) from the pulpit steps in Kuchl Parish Church.

Lion et Enfant, relief en marbre (vers 1520), escaliers de la chaire de l'église paroissiale de Kuchl.

2

1

2

1 Die Pfarrkirche zum hl. Blasius in Abtenau aus spätgotischer Zeit mit frühbarocken Zubauten; der Hochaltar entstand 1675; 2 Muttergottes vom Hochaltar.

1 The Parish Church of St. Blaise in Abtenau, a late Gothic edifice with early baroque additions; high altar dating back to 1675; 2 Madonna on the high altar.

1 Eglise paroissiale de St-Blaise à Abtenau, de la fin du Gothique avec ajoutes du début du Baroque; le maître-autel date de 1675; 2 Vierge du maître-autel.

Westseite des gegen das Salzachtal bei Werfen grenzenden Tennengebirges.

West flank of the Tennen range, bordering on the Salzachtal at Werfen.

Côté ouest du Tennengebirge, en direction de la vallée de la Salzach près de Werfen.

Bilder aus dem Pongau
Pongau scenes
Motifs du Pongau

Steinwild im Hagengebirge, wo es nach seiner Einsetzung 1924 bis 1928 wieder heimisch geworden ist.

Ibexes in the Hagen mountains where they have again become indigenous after being put out between 1924 and 1928.

Bouquetins dans le Hagengebirge; ils y furent repeuplés de 1924 à 1928 et s'y sentent chez eux.

→

Blick von der Riedlwand zur Mandlwand, einem stark gegliederten Felskamm, den das Hochkönigmassiv gegen Osten hin entsendet.

View from the Riedlwand towards the Mandlwand, an eastern ridge of the Hochkönig massif.

Vue prise de la Riedlwand en direction de la Mandlwand, une crête rocheuse très structurée, à l'est du massif du Hochkönig.

1

1 Nothelferaltar in der Nothelferkapelle in Pfarrwerfen. Die Reliefs und Malereien wurden von Gordian Gugg aus Laufen um 1520 geschaffen. 2 Wagrain. Grabstätte von Joseph Mohr, dem Dichter des Weihnachtsliedes „Stille Nacht, heilige Nacht“. 3 Gehöft bei Bischofshofen. 4 Bereits 1077 stand eine provisorische Befestigung an dem Platz, wo heute die Festung Hohenwerfen – ihre heutige Baugestalt stammt großteils aus der zweiten Hälfte des 16. Jahrhunderts – über dem Salzachtal wacht.

2

3

4

1 Holy Helper altar in the chapel at Pfarrwerfen. The reliefs and paintings were the work of Gordian Gugg of Laufen in around 1520. 2 Wagrain: the grave of Joseph Mohr, who wrote the words of "Stille Nacht, heilige Nacht". 3 Farm near Bischofshofen. 4 The site of a provisional fortification in 1077, Hohenwerfen – today's fortress mainly dates back to the second half of the 16th century–watches over the Salzachtal.

1 Autel de saints Sauveurs dans la chapelle des saints Sauveurs à Pfarrwerfen. Les reliefs et les peintures sont de Gordian Gugg de Laufen et datent de 1520. 2 Wagrain: Tombeau du poète Joseph Mohr, qui ćrivit le chant de Noël «Nuit, sainte nuit». 3 Ferme près de Bischofshofen. 4 C'est dès 1077 qu'une fortification provisoire se trouvait sur l'emplacement de la forteresse de Hohenwerfen – son aspect actuel date de la seconde moitié du 16ᵉ siècle – elle domine la Salzach.

→

Blick vom Rauhegg am Südrand des Hagengebirges gegen Radstädter und Schladminger Tauern.

View of the Radstädter and Schladminger Tauern from Rauhegg.

Vue prise du Rauhegg au sud du Hagengebirge en direction des Radstädter et Schladminger Tauern.

1

1 Unberührte Bergwildnis zwischen Hochkönig und Steinernem Meer. Blick vom Reißhorn gegen Südosten. 2 Blick von Norden auf das Hochkönigmassiv mit dem firnbedeckten Plateau der Übergossenen Alm.

1 Untouched mountain wilderness between the Hochkönig and the Steinernes Meer. View from the Reisshorn towards the south-east. 2 The Hochkönig massif and the névé covered plateau of the Übergossene Alm, seen from the north.

1 Une nature alpine vierge, entre le Hochkönig et le Steinernem Meer. Vue prise du Reisshorn en direction du sud-est. 2 Vue prise du nord en direction du massif du Hochkönig avec le plateau enneigé de l'alpage Übergossenen Alm.

2

3

3 Am 6. Jänner laufen die Pongauer Perchten und wecken die Wachstumsgeister der Natur. Auf dem Bild: Zug der Tafelperchten mit ihren G'sellinnen in St. Johann im Pongau.

3 The Pongau "Perchten" are abroad on 6th January to waken Nature's spirits of growth. The photo shows the procession of the "Tafelperchten" and their companions in St. Johann im Pongau.

3 Le 6 janvier, les «Perchten» du Pongau réveillent les forces de la nature endormie des torpeurs de l'hiver. Voici leur cortège avec leurs compagnes à St-Johann im Pongau.

Turm der Frauenkir-
che (vor 1497) in Bi-
schofshofen, im Hin-
ergrund das Tennen-
gebirge. 2 Alter Back-
ofen am Ortsrand von
Kleinarl. 3 Morgenlicht
auf den Bergen über
Kleinarl: Kraxenkogel
links) und Bernkarko-
gel (rechts).

1 Spire of the Frauen-
kirche (pre-1497) in
Bischofshofen; in the
background, the Ten-
nen mountains. 2 Old
oven at Kleinarl.
3 Morning light on the
mountains above
Kleinarl: Kraxenkogel
(left) and Bernkar-
kogel (right).

1 Tour de la Frauen-
kirche (avant 1497) à
Bischofshofen, à l'ar-
rière-plan le Tennen-
gebirge. 2 Vieux four à
pain à la limite de
Kleinarl. 3 Lumière
matinale sur les mon-
tagnes de Kleinarl:
Kraxenkogel (à
gauche) et Bernkarko-
gel (à droite).

2

3

Der Wasserfall der Gasteiner Ache inmitten von Bad Gastein ist das Wahrzeichen des international bekannten Kurorts, dessen Thermalquellen seit dem Mittelalter genutzt werden.

The Gasteiner Ache waterfall in the middle of Bad Gastein is the landmark of this internationally known spa; its thermal springs have been in use since the Middle Ages.

La cascade de la Gasteiner Ache au milieu de Bad Gastein est le symbole de cette station thermale de réputation internationale. Les sources thermales étaient déjà utilisées au moyen âge.

Land an der oberen Mur:
Bilder aus dem Lungau

The upper reaches of the Mur:
Views of the Lungau

Le pays sur le cours supérieur de la Mur:
Motifs du Lungau

An hohen Feiertagen wird die Lungauer Festtagstracht immer noch mit Begeisterung getragen.

Lungau festive costume is still donned enthusiastically on high feast-days.

Le costume de fête du Lungau est encore porté avec enthousiasme les jours de fête.

1

2

3

4

1 Die sog. „Brückenkeusche“, früher eine Mühle und links daneben das sog. „Putzhaus“ (aus der Zeit um 1440 und 1430) gehören zu den ältesten Häusern von Mauterndorf. 3 Eingangstor zum „Putzhaus“. 2 Typisch für den Lungau ist diese Kapelle. 4 Die Burg Mauterndorf, 1253 vom Salzburger Domkapitel zum Schutz der Tauernpaßstraße erbaut.

1, 3 The old houses in Mauterndorf. 2 This chapel is typical of the Lungau. 4 Mauterndorf Castle, built by Salzburg cathedral chapter in 1253 for the protection of the Tauern Pass.

1, 3 Les vieilles maisons de Mauterndorf. 2 Cette chapelle est caractéristique pour le Lungau. 4 Le château fort de Mauterndorf, construit en 1253 par le chapitre de la cathédrale de Salzbourg pour protéger l’accès du col des Tauern.

1

1 Landschaft bei Mauterndorf. 2 Hausmadonna in einem Lungauer Schrank.

1 Scenery near Mauterndorf. 2 House madonna in a Lungau cupboard.

1 Paysage près de Mauterndorf. 2 Madone dans une maison du Lungau.

2

3

4

5

3 Alter Bauernhof in Unterweißburg.
4, 5 Schloß Moosham (nahe Mauterndorf), bereits um 1202 urkundlich erwähnt, später mehrmals umgebaut, beherbergt heute eine volkskundliche Sammlung, die öffentlich zugänglich ist.

3 Old farmhouse in Unterweissburg.
4, 5 First mentioned ca. 1202 and rebuilt on several occasions, Moosham Castle (near Mauterndorf) today houses a folklore collection which is open to the public.

3 Vieille ferme à Unterweissburg. 4, 5 Le château de Moosham (près de Mauterndorf), déjà cité dans un document datant de 1202, plusieurs fois remanié.

Prangtag in Muhr. Zu Peter und Paul werden bei der Prozession bis zu 10 Meter hohe, mit Girlanden von etwa 25 000 Feldblumen umwundene „Prangstangen" mitgetragen, am Nachmittag zieht dann der Riese „Samson" durch den Ort; vor den Honoratoren legt er einen Tanz ein.

"Prangtag" in Muhr. On the feast of Peter and Paul "Prangstangen", up to 10 metres high and garlanded with some 25,000 wild flowers, are carried in the procession. In the afternoon "Samson" the giant passes through the village, performing a dance in front of the local dignitaries.

Prangtag a Muhr. Le jour de fête des saints Pierre et Paul, des perches ayant jusqu'à 10 m de haut et ornées de guirlandes et de 25.000 fleurs sont portées dans la procession. Le géant «Samson» déambule dans la localité durant l'après-midi; il danse ensuite devant les édiles.

Das berühmte „Goldene Fenster" (zwischen 1430 und 1450), hauptsächlich aus blauen und goldgelben Scheiben aufgebaut, in der Wallfahrtskirche St. Leonhard in Tamsweg.

The famous "golden window" (between 1430 and 1450) in the Pilgrimage Church of St. Leonhard in Tamsweg is mainly composed of blue and golden-yellow panes.

La célèbre «Fenêtre d'or» (entre 1430 et 1450), vitraux en bleu et en jaune-or, dans l'église de pèlerinage de St-Leonhard à Tamsweg.

Zwischen Felsen, Gletschern und stürzenden Wassern: Bilder aus dem Pinzgau

Amidst rocks, glaciers and rushing torrents: Glimpses of the Pinzgau

Entre les rochers, les glaciers et les torrents: Motifs du Pinzgau

Tor zum Schloß Mittersill. Das mittelalterliche Schloß, in seiner heutigen Bauform 1532 errichtet, ist derzeit ein Luxushotel.

Entrance to Schloss Mittersill. This mediaeval castle acquired its present appearance in 1532 and is now a luxury hotel.

Portail du château de Mittersill. Château du moyen âge, aspect actuel datant de 1532. C'est maintenant un hôtel de luxe.

Blick vom Gipfel des Keesecks (Obersulzbachtal) über das Schwarze Hördl auf die Föhnmauer über dem Untersulzbachtörl; rückwärts der Großglockner.

View from the Keeseck peak (Obersulzbachtal) across the Schwarze Hördl to the föhn wall above the Untersulzbachtörl; at the rear, the Grossglockner.

Vue prise du sommet du Keeseck (vallée de l'Obersulzbach) sur le Schwarzer Hördl et le mur du föhn au-dessus du Untersulzbachtörl; à l'arrière-plan le Grossglockner.

→

1 Die Großglockner-Hochalpenstraße beim Fuscher Törl. 2 Der Mooserboden-Speicher der Tauernkraftwerke Glockner-Kaprun. 3 Der Zeller See; im Hintergrund links das Kitzsteinhorn. 4 Mitte Mai am Paß Grießen.

1 The Grossglockner Alpine road by the Fuscher Törl. 2 Mooserboden reservoir, part of the Glockner-Kaprun powerstation. 3 The Zeller See; in the left background, the striking Kitzsteinhorn. 4 Mid-May on the Griessen Pass.

1 La route alpine du Grossglockner près du Fuscher Törl. 2 Le Mooserboden-barrage de la centrale hydroélectrique des Tauern Glockner-Kaprun. 3 Le lac Zeller See; à l'arrière-plan le Kitzsteinhorn. 4 La mi-mai au col de Griessen.

1

2

3

4

1

2

3

Pinzgauer Bauernhöfe in Wörth im Rauristal (1), bei Mittersill (2) und in Dienten am Hochkönig (3). 4 Der Kirchturm von Maria Alm.

Pinzgau farmhouses at Wörth in the Rauristal (1), near Mittersill (2) and in Dienten am Hochkönig (3). 4 The church spire in Maria Alm.

Fermes du Pinzgau à Wörth dans la vallée de Rauris (1), près de Mittersill (2) et à Dienten au Hochkönig (3). 4 La tour de l'église de Maria Alm.

4

5

5 Am 6. Jänner ziehen in Unken Tanzkünstler, die „Tresterer", von Hof zu Hof, Glück und Segen für das neue Jahr bringend.

5 On 6th January the "Tresterer" dance from farm to farm in Unken, bringing good luck and prosperity for the New Year.

5 Le 6 janvier, des danseurs de Unken, les «Tresterer», vont de ferme en ferme et souhaitent la bonne et heureuse année.

6

8

9

7

10

6 Bäuerin in Pinzgauer Tracht auf dem Weg zur „Kräuterweihe" am „Hohen Frauentag" in der Kirche von Lofer (8). 7 Milch, das Urprodukt des Oberpinzgaus.

6 Farmer's wife in Pinzgau costume on her way to the herb blessing ceremony in Lofer church on Assumption day (8). 7 Milk, a traditional Oberpinzgau product.

6 Paysanne en costume régional du Pinzgau en route pour la «Bénédiction des herbes» le jour de l'Assomption, dans une église à Lofer (8). 7 Le lait, le plus ancien produit de l'Oberpinzgau.

9 Landschaft bei Piesendorf. 10 Das „Steinerne Meer" über Saalfelden.

9 Scenery near Piesendorf. 10 The "Steinerne Meer" above Saalfelden.

9 Paysage près de Piesendorf. 10 «Steinerne Meer», massif montagneux au-dessus de Saalfelden.

1 Das Vordermoos, ein Staumäandermoor, im Talschluß des Hollersbachtales. 2 Die Moaralm im Habachtal. 3 Blick von der Torscharte ins Pinzgau, gegen den Ort Hinterthal und die Dientener Berge. Im Hintergrund die Hohen Tauern mit dem Großglockner.

1 The Vordermoos, a bog at the end of the Hollersbach valley. 2 The Moaralm in the Habachtal. 3 View of Pinzgau from the Torscharte, looking towards Hinthertal and the Dientener mountains.

1 Le Vordermoos, terrain marécageuse en forme de méandres, au bout de la vallée du Hollersbach. 2 L'alpage dans la vallée Habachtal. 3 Vue prise de la Torscharte dans la Pinzgau, en direction de la localité de Hinthertal et des montagnes Dietener Berge.

1

2

3

Blick von der Dreiherrnspitze über das Krimmler Kees auf den Großvenediger.

View from the Dreiherrnspitze across the Krimmler Kees to the Grossvenediger.

Vue de la Dreiherrnspitze sur le Krimmler Kees et le Grossvenediger.

1

2

3

1 Der Gamseckfall des Obersulzbaches. 2 Die Innere Keesalm und das Zungenende des Krimmler Keeses (Krimmler Achental). 3 Der untere Achenfall, einer der drei Krimmler Fälle mit einer gesamten Fallhöhe von 380 m, Österreichs größte Wasserfälle.

1 Gamseck falls dropping from the Obersulzbach. 2 The Innere Keesalm and the end of the glacier tongue of the Krimmler Kees. 3 The lower Achenfall, one of the three Krimmler waterfalls, Austria's highest falls with a total drop of 380 m.

1 La cascade Gamseckfall du Obersulzbach. 2 L'alpage Innere Keesalm et la fin du glacier Krimmler Kees (Krimmler Achental). 3 La cascade inférieure Achenfall, une des trois cascades de Krimml tombant d'une hauteur de 380 m, les plus grandes cascades d'Autriche.

Talschluß des Krimmler Achentales.

At the end of the Krimmler Achental.

Le bout de la vallée Krimmler Achental.

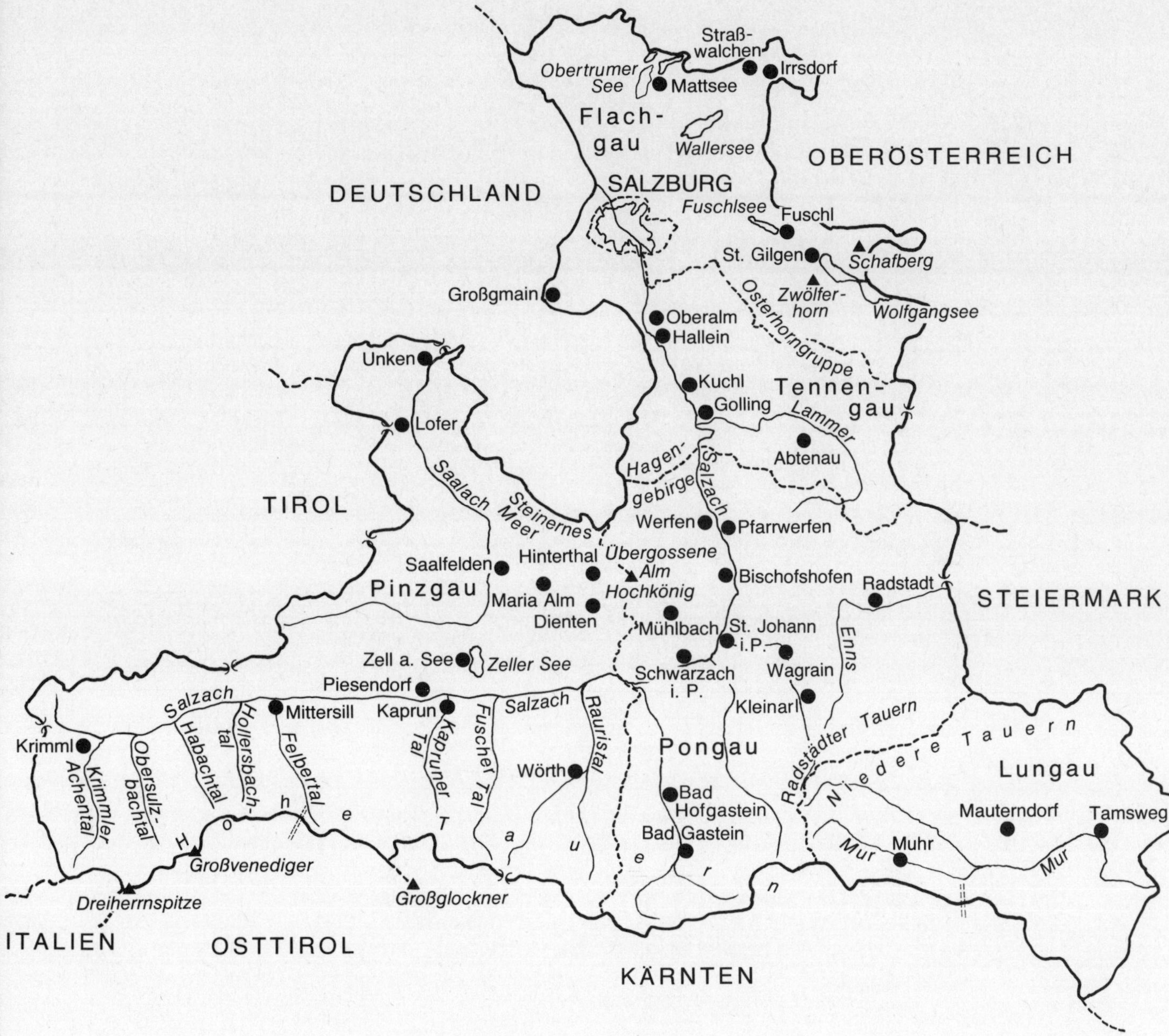
DEUTSCHLAND
OBERÖSTERREICH
TIROL
STEIERMARK
ITALIEN
OSTTIROL
KÄRNTEN
SALZBURG
Flach-
gau
Tennen-
gau
Pinzgau
Pongau
Lungau
Obertrumer See
Mattsee
Straß-
walchen
Irrsdorf
Wallersee
Fuschlsee
Fuschl
St. Gilgen
Schafberg
Zwölfer-
horn
Wolfgangsee
Osterhorngruppe
Großgmain
Oberalm
Hallein
Kuchl
Golling
Lammer
Abtenau
Unken
Lofer
Saalach
Steinernes
Meer
Hagen-
gebirge
Salzach
Werfen
Pfarrwerfen
Saalfelden
Hinterthal
Übergossene
Alm
Hochkönig
Maria Alm
Dienten
Bischofshofen
Radstadt
Mühlbach
St. Johann
i. P.
Enns
Zell a. See
Zeller See
Schwarzach
i. P.
Wagrain
Piesendorf
Mittersill
Kaprun
Salzach
Kleinarl
Raurístal
Hollersbach-
tal
Habachtal
Felbertal
Kapruner
Tal
Fuscher Tal
Krimml
Krimmler
Achental
Obersulz-
bachtal
Wörth
Bad
Hofgastein
Bad
Gastein
Radstädter Tauern
Niedere Tauern
Mauterndorf
Tamsweg
Muhr
Mur
Mur
H o h e T a u e r n
Großvenediger
Dreiherrnspitze
Großglockner

Daten aus Salzburgs Geschichte und Kultur

Ältere Steinzeit	Prähistorische Funde bekunden menschliches Leben seit der älteren Steinzeit, der Bronze- und Eisenzeit, Hauptsiedlungspunkte: Rainberg, Kapuzinerberg und Hellbrunner Berg.
Ca. 800 v. Chr.	siedeln bereits Kelten im Raume Salzburg. Vereinzelt haben sich Orts-, Fluß- und Bergnamen keltischen Ursprungs erhalten. Salzgewinnung auf dem Dürrnberg bei Hallein. Bergsiedlungen befanden sich auch auf dem Biberg bei Saalfelden und auf dem Georgenberg bei Kuchl.
Ca. 200 v. Chr.	Einsetzen reger Handelsbeziehungen zwischen Kelten und Römern; Saumverkehr über den Alpenhauptkamm und durch das Saalachtal.
15 v. Chr.	Die Römer beginnen ihren Siegeszug über die Alpen. Ende der selbständigen Keltenreiche. Bis zur Eingliederung in das Römische Reich unter Kaiser Claudius war Salzburg ein Teil Norikums. Gründung römischer Siedlungen, Straßenbau, Errichtung wehrhafter Poststationen. Die Reichsstraße führt über den Radstädter Tauern.
41–54 n. Chr.	Juvavum (Salzburg) erhält das Stadtrecht. Herkunft und Bedeutung des Stadtnamens sind ungewiß; Juvavum kann keltischen, aber auch vorkeltischen Ursprungs sein, die Römer haben ihn übernommen.
Römische Zeit	Urbanisierung des Siedlungscharakters; Bergsiedlungen werden verlassen, Talortschaften gegründet. In Juvavum wird das Gelände zwischen Mönchsberg und Kapuzinerberg wohnbar gemacht. Die bisher reichste Fundstätte wurde 1970/71 durch den Tiefbau der Universitätsbibliothek erschlossen. Dort befand sich ein römisches Handwerkerviertel. Blütezeit ab der Wende vom 1. zum 2. Jh., Juvavum wird eine bedeutende Handelsstadt. Weitere wichtige Fundorte: Dom-, Residenz-, Mozart- und Waagplatz, Judengasse, Kaiviertel, Festspielbezirk. Die keltische Landbevölkerung geht nur teilweise und langsam in der römischen auf.
Um 170	Zerstörung Juvavums im Markomannenkrieg. Hervorragende Funde zur Zeitbestimmung anläßlich der Domgrabungen 1966/67. Eine Pestepedemie dezimiert die Bevölkerung. Zögernder Wiederaufbau, im 3. Jh. gehemmt durch politische Wirren, kriegerische Ereignisse und wirtschaftliche Nöte.
4. Jh.	Über die Spätantike in Salzburg sind wir schlecht unterrichtet. In unruhiger Zeit wurden Kastelle gebaut und sogar Landgehöfte befestigt.
Um 470	fällt im Ablauf der Völkerwanderung auch Juvavum. Um dieselbe Zeit besucht der hl. Severin wiederholt den Raum Salzburg (Juvavum und Cucullis = Kuchl). Ob sein Zeitgenosse, der hl. Maximus, tatsächlich in den Katakomben zu St. Peter den Märtyrertod erlitten hat, ist nicht verbürgt. Das Christentum hatte indessen schon seit Anfang des 4. Jh.s Eingang gefunden.
6. Jh.	Die baierische Landnahme fand trotz des Auswanderungsbefehls Odoakers an die Romanen (488) noch eine starke romanische Bevölkerung vor.
696	so wird vermutet, kam der hl. Rupert (Hruodpert), Missionar und nachmals Landesheiliger, nach Salzburg. Er war Abt und Bischof und gilt als Begründer der neuen Stadt, da er das Männerkloster St. Peter und das Frauenkloster am Nonnberg errichtet hat. Baiernherzog Theodo übergab ihm das anliegende Land einschließlich Reichenhall (Salzbergwerk).
739	Der hl. Bonifatius gründet eine eigene Diözese mit genau bezeichneten Grenzen.
754–785	ist Virgil, ein Iroschotte, Abt und Bischof. Sein Missionsgebiet umfaßt Kärnten und Steiermark. Er erbaut den ersten Salzburger Dom, in den er am 24. September 774 Reliquien des hl. Rupert überträgt; daher ist an diesem Tag in Salzburg zu Ehren des Landespatrons alljährlich Landesfeiertag.
755	scheint erstmals der Name „Salzburg“ in einer Handschrift auf.

785–821	regiert Arno, Salzburgs erster Erzbischof (seit 798), er war ein Freund Alkuins und Karls des Großen. Die von Virgil gegründete Schule zu St. Peter, die Bibliothek und die Schreibstube wurden berühmt. Dank seiner Beziehungen erlangt er wichtige Privilegien, mit denen er den Grundstein für die künftige Entwicklung Salzburgs zu einem geistlichen (und zugleich weltlichen) Fürstentum legte.
Seit 987	sind Abt- und Bischofswürde nicht mehr in einer Person vereinigt.
996	erhält der Erzbischof das Münzrecht (Silbermünzen).
1077	Die älteste auf der Festung Hohensalzburg gefundene Jahreszahl. Ob und welche Befestigungen sich früher auf dem höchsten Teil des Mönchsberges befunden haben könnten, ist ungeklärt. Tatsache ist, daß Erzbischof Gebhard (1060–1088) zu Beginn des Investiturstreites an drei Festungen baute: Hohensalzburg, Hohenwerfen und Friesach in Kärnten.
1106–1147	Konrad I. übersiedelt von St. Peter in eine eigene Residenz. Die Festung wird weiter ausgebaut und verstärkt.
1130	Bau der Stiftskirche zu St. Peter.
1221	wird die Marienkirche (heutige Franziskanerkirche) eingeweiht, die bis 1583 von den Petersfrauen betreut wurde.
1270–1284	Erzbischof Friedrich von Walchen erlangt die Gerichtshoheit, womit die Entwicklung Salzburgs zum reichsunmittelbaren geistlichen Fürstentum als abgeschlossen gelten kann.
1366	ermächtigt Kaiser Karl IV. den Erzbischof, auch Goldmünzen zu prägen.
1495–1519	vergrößert und verstärkt Leonhard von Keutschach die Festung. Wie seine Vorgänger und Nachfolger verstand er es, den bodenständigen Adel und die Bürgerschaft nicht aufkommen zu lassen. Dies mag mit anderem der Grund gewesen sein, daß Salzburg nicht in anderen Machtsphären aufging. Von den vielen geistlichen Fürstentümern des Hl. Röm. Reiches Deutscher Nation sind nur drei als politische Einheiten bis auf den heutigen Tag erhalten geblieben: die Provinz Utrecht, der Kanton St. Gallen und das Bundesland Salzburg.
1502	ertönt erstmals das Orgelwerk, der „Salzburger Stier", von der Festung Hohensalzburg herab.
1519–1540	Erzbischof Matthäus Lang sorgt in unruhiger Zeit für weitere Befestigungen; 1525 wird er von aufständischen Bauern auf der Festung belagert.
1541	stirbt der berühmte Arzt Paracelsus in Salzburg.
1587–1612	Regierungszeit Wolf Dietrichs von Raitenau. Ihm verdankt Salzburg die Gestaltwerdung der Fürstenstadt im Gesamtbild der heutigen Altstadt. Nach einem Brand ließ er den alten romanischen Dom und viele Häuser niederreißen, um Raum für einen neuen Dom und die umliegenden Plätze zu schaffen; er erbaute die Residenz, das Neugebäude mit dem Glockenspielturm, die Hofstallungen (heutige Festspielhäuser), das Schloß Mirabell, das Augustinerkloster in Mülln u. a. Dennoch war die Zeit alles andere als friedsam, es gab Krieg mit Maximilian von Bayern, und im Inneren verlor er gegen seinen Widersacher Markus Sittikus, der ihn von 1612 bis zu seinem Tode 1617 auf der Festung gefangenhielt.
1612–1619	Unter Markus Sittikus von Hohenems intensive Bautätigkeit: Stadtbefestigungen, Lustschloß Hellbrunn, Vollendung der Residenz, des Schlosses Mirabell.
1614–1628	Hauptsächliche Bauzeit für den Salzburger Dom in seiner heutigen Gestalt.
1616	Erste Opernaufführung auf deutschem Boden am erzbischöflichen Hoftheater zu Salzburg.
1617	gründet Markus Sittikus das Gymnasium, 1623 Paris Graf Lodron die Salzburger Benediktiner-Universität. Paris Lodron schuf weitere Befestigungen; seine kluge Politik verhinderte, daß Salzburg im Dreißigjährigen Krieg (1618–1648) Schaden litt.

1618	Das Steintheater, entstanden aus einem Steinbruch für den Hellbrunner Schloßbau, ältestes Naturtheater in Mitteleuropa, erlebt die ersten Aufführungen.
1668–1687	Erzbischof Max Gandolf von Kuenburg erbaut auf der Festung die Kuenburg-Bastei. Zeit der Hexenprozesse, Flucht von Protestanten.
1687–1709	Unter Erzbischof Johann Ernst Thun erbaut Johann Bernhard Fischer von Erlach die Universitätskirche (Kollegienkirche), die Dreifaltigkeitskirche, die Markus- und die St.-Johann-Spitalskirche und Schloß Kleßheim. Er trug damit entscheidend zur barocken Baugestaltung Salzburgs bei. Unter Johann Ernst Thun finanzieller Wohlstand durch Bergbau und Beteiligung an der holländisch-ostindischen Handelsgesellschaft. Die Marmorkugeln aus den Salzburger Kugelmühlen machten als Ballast auf der Hinfahrt der Schiffe eine weite Reise.
1705	ertönt erstmals das Glockenspiel, ein „Import-Nebenprodukt" eben dieser Geschäftsverbindung mit Holland, vom Turm des Residenz-Neugebäudes.
1732	Ausweisung der Protestanten durch Erzbischof Leopold Anton Freiherrn von Firmian. Mehr als zwanzigtausend Menschen verlassen das Land innerhalb eines Jahres.
1753–1771	Erzbischof Sigismund Graf Schrattenbach erbaut den Neutor-Tunnel (Sigmundstor) durch den Mönchsberg.
1756	Am 27. Jänner wird Wolfgang Amadeus Mozart in der Getreidegasse Nr. 9 geboren. (Gestorben am 5. Dezember 1791 in Wien.)
1772–1803	Hieronymus Graf Colloredo versucht Ordnung in die zerrütteten Finanzen zu bringen; die traditionellen Geldquellen waren versiegt. Letzte kulturelle Blütezeit des Erzstiftes vor seinem Untergang. Salzburg ist Mittelpunkt und Hochburg der Aufklärung im süddeutschen Raum, Wissenschaft und Forschung, Schulwesen und Volksbildung, Theater und Literatur erleben einen gewaltigen Aufschwung.
1775	schenkt Hieronymus der Bürgerschaft das Ballhaus am Hannibalplatz (Makartplatz), hier öffnet das Hoftheater als eine ständige Bühne am 16. November seine Pforten.
1800–1816	Hieronymus flieht vor den Franzosen nach Wien, dankt 1803 als Landesherr ab und stirbt 1812. Diese Jahre gehören zu den betrüblichsten in der Geschichte der Stadt und des Landes. Kriegszüge verwüsten die Gaue, Land und Leute verarmen, fünf Besitzwechsel innerhalb von 13 Jahren rauben Salzburg unschätzbare Kunst- und Kulturgüter.
1803	Im Friedensvertrag von Lunéville wird das bisherige Erzbistum Salzburg dem Großherzog von Toscana, Ferdinand, zugesprochen.
1803–1805	Salzburg ist für kurze Zeit ein Kurfürstentum. Die Stadt zählt einschließlich der damaligen Vorstädte Mülln, Nonntal und Äußerer Stein rund 17 000 Einwohner (heute gegen 140 000).
1805	Im Herbst Besetzung durch die Franzosen. Der Friede von Preßburg spricht Salzburg Österreich zu, es wird Herzogtum.
1807	Vorübergehend wird Salzburg kirchenrechtlich dem Erzbischof von Wien unterstellt.
1809	Dieses Kriegsjahr ruft auch die Salzburger Landesverteidiger wieder auf zahlreiche Kampfplätze. Die engen Gebirgspässe (Paß Strub, Kniepaß, Paß Luftenstein, Paß Lueg) wurden in den Napoleonischen Kriegen mit wechselndem Erfolg heiß umkämpft. Nach französischer und bayrischer Besetzung kommt Salzburg unter französische Verwaltung.
1810	Im Friedensvertrag von Wien wird Salzburg Bayern zugesprochen. Salzburg wird bayrischer „Salzachkreis". Die Universität wird aufgelassen. Zum Salzachkreis gehörten auch das oberösterreichische Innviertel und Teile des Hausruckviertels. Hingegen wurde Salzburg um Windisch-Matrei (Osttirol), das Ziller- und Brixental verkleinert.

1816	Salzburg ist zum zweiten Mal und nun endgültig österreichisches Herzogtum, wurde jedoch seiner fruchtbaren Gebiete Teisendorf, Waging, Laufen, Tittmoning beraubt, die seither bayrisch sind. Auch die Hochstifte Berchtesgaden, Passau und Eichstätt blieben verloren. Die an Tirol abgetretenen Gebietsteile gehören aber kirchenrechtlich heute noch zu Salzburg. Seit 1816 haben sich die Landesgrenzen nicht mehr verändert.
1816–1848	Das ausgeplünderte Salzburg ist politisch bedeutungslos geworden. Maler und Dichter der Romantik entdecken aber auf ihren Reisen die Schönheiten Salzburgs und werden so zu den Wegbereitern des Fremdenverkehrs, der noch vor der Jahrhundertwende seinen ersten Höhepunkt erreicht.
1818	Großer Stadtbrand in Salzburg rechts der Salzach. – Zur Christmette erklingt in Oberndorf bei Salzburg zum ersten Mal das von Josef Mohr gedichtete und von Franz Xaver Gruber komponierte Weihnachtslied „Stille Nacht, heilige Nacht“.
1823	Wiedererrichtung des Erzbistums Salzburg als eigene Diözese mit allen früheren Privilegien.
1829	Die „Salinenkonvention“ vom 18. März sucht als heute noch gültige zwischenstaatliche Vertragsvereinbarung ihresgleichen. Salz- und forstrechtliche Regelungen reichen weit in das Mittelalter zurück. Neben dem Bergbau auf Gold, Silber, Kupfer und Eisen, der besonders im 14.–16. Jh. blühte, war die Salzgewinnung seit alters her eine Haupteinnahmsquelle des Erzstifts. Für die 1816 zu Bayern geschlagenen Sudstätten (Bad Reichenhall) war das Holz aus dem Pinzgauer Saalachtal lebenswichtig. Bayern erhielt die sog. „Saalforste“ (mit eigenen Forstämtern) zugesprochen. Hingegen ist es Österreich gestattet, seine Salzgewinnung durch Stollenbau im Dürrnberg bei Hallein unter der Staatsgrenze in bayrisches Gebiet hinein auszudehnen. Die Salinenkonvention gilt heute in der Fassung des Abkommens vom 25. März 1957.
1841	Dommusikverein und Mozarteum (Musikschule) gegründet. Seither Bemühungen, in Salzburg Mozart gewidmete Musikfeste zu veranstalten.
1842	Am 4. September feierliche Enthüllung des Mozart-Denkmals.
1848	Salzburg erhält wieder eine eigene Landesverwaltung.
1850	Salzburg wird habsburgisches Kronland.
1859	Eröffnung der Bahnstrecke Wien–Salzburg.
1861	Salzburg erhält die Landesautonomie mit eigenem Landtag.
1870	Gründung der Internationalen Stiftung Mozarteum.
1874	Eröffnung der Bahnstrecke Salzburg–Innsbruck.
1877–1910	Salzburger Musikfeste in jeweils mehrjährigen Zeitabständen.
1880	Am 15. Juni Eröffnung des Mozart-Museums im Geburtshaus Getreidegasse 9.
1893	Am 1. Oktober wird das nach Abbruch des alten Ballhauses neu erbaute Stadttheater eröffnet. In der ersten Spielzeit debütierte hier Max Reinhardt.
1908	Eröffnung der Tauernbahn, wodurch das Gasteiner Tal mit seinen berühmten Kurorten dem modernen Verkehr erschlossen wird.
1910	Grundsteinlegung für das Mozarteum in der Schwarzstraße (1914 vollendet).
1917	Noch während des Ersten Weltkrieges wird der Verein „Salzburger Festspielhaus-Gemeinde“ gegründet.
1918	Am 15. August beruft die Salzburger Festspielhaus-Gemeinde einen Kunstrat; dessen fünf Mitglieder (Max Reinhardt, Hugo von Hofmannsthal, Richard Strauss, Franz Schalk und Alfred Roller) werden eingeladen, „Festspiele zu gestalten“.

1918–1920	Nach dem Zerfall der österr.-ungar. Monarchie wird Rumpfösterreich eine Republik und Salzburg eines der neun Bundesländer (Friedensvertrag von St-Germain).
1920	Am 22. August beginnt mit der ersten „Jedermann"-Aufführung auf dem Domplatz die Ära der Salzburger Festspiele.
1922–1938	Dr. Franz Rehrl ist energischer und volkstümlicher Landeshauptmann von Salzburg. Es verdankt ihm u. a. den Bau der Autostraße auf den Gaisberg, die Schmittenhöhe-Seilschwebebahn bei Zell am See, den Bau der Großglockner-Hochalpenstraße, die bauliche Verwirklichung und finanzielle Absicherung der Salzburger Festspiele.
1925	Am 13. August Eröffnung des ersten Salzburger Festspielhauses, des heutigen – wiederholt umgebauten – „Kleinen Hauses", entstanden aus dem Umbau einer ehemaligen Winterreitschule durch Architekt Eduard Hütter.
1926	Erster Umbau des Festspielhauses durch Clemens Holzmeister unter Einbeziehung der Felsenreitschule und des heutigen Stadtsaales. – In diesem Jahr beginnt auch der Flugverkehr auf dem Flughafen Salzburg-Maxglan.
1936/37	Zweiter Umbau des Festspielhauses durch Clemens Holzmeister; neues Bühnenhaus mit den Maßen der Wiener Staatsoper.
1938–1945	Österreich dem Deutschen Reich eingegliedert. Das Bundesland Salzburg ist Reichsgau.
1938/39	Dritter Umbau des Festspielhauses durch Reichsbühnenbildner Benno von Arent.
1944	16. Oktober, erster Luftangriff auf die Stadt Salzburg. Bis 1. Mai 1945 insgesamt 16 Angriffe, 531 Todesopfer. Bombenschäden des Zweiten Weltkrieges an Kulturgütern: Domkuppel, Alte Münze, Museum, Stift Nonnberg, Leopold Mozarts Wohnhaus, Loretokirche, Hexenturm, Ursulinenkloster, Andräkirche u. a. Von ca. 7000 Häusern wurden 3180 beschädigt, 14 463 Menschen wurden obdachlos.
1945	Wiedererrichtung der Republik Österreich als Bundesstaat und damit Salzburgs als Bundesland; es gehört zur US-amerikanischen Besatzungszone. – Bereits am 14. August dieses Jahres erste Festspielaufführung nach dem Kriege.
Ab 1945	erfolgreiche Anstrengungen, die Kriegsschäden zu beheben, die Wirtschaft zu fördern und die Weltgeltung Salzburgs als Mozart-, Festspiel- und Kongreßstadt wiederzugewinnen. In den Hohen Tauern entstehen gigantische Wasserkraftwerke, mit der Felbertauernstraße und der Tauernautobahn wird der Verkehr nach Süden verbessert, überall im Lande entstehen Seilbahnen, Berg- und Skilifte, Sportanlagen, Feriendörfer und sonstige Fremdenverkehrseinrichtungen.
1955	Abschluß des Österreichischen Staatsvertrages. Ende der zehnjährigen Besatzungszeit, im Herbst Abzug der Amerikaner.
1960	Am 26. Juli Eröffnung des neuen Festspielhauses (des „Großen Hauses"), wieder nach Plänen Clemens Holzmeisters, an der Hofstallgasse (ehem. Hofmarstall). Seine Erbauung ist in erster Linie ein Verdienst des langjährigen Landeshauptmannes von Salzburg Dr. Josef Klaus.
1962	Wiedererrichtung der Salzburger Universität.
1962/63	Vierter Umbau des „alten", des nunmehrigen „Kleinen Festspielhauses", durch die Architekten Hans Hofmann und Erich Engels. Wiedereröffnung am 29. Juli 1963.
1968/69	Umgestaltung der Felsenreitschule durch Clemens Holzmeister und 1970 Wiedereröffnung. Seither verfügen die drei Spielstätten des engeren Festspielbezirkes (Großes und Kleines Haus und Felsenreitschule) über 4000 Plätze.
1975	Am 19. Juli werden die Altstadtgaragen Nord und Mitte im Mönchsberg eröffnet, mit Fassungsraum für 1500 Pkw und direkten Zugängen zu den Festspielhäusern. Sie waren die

Voraussetzung für eine erweiterte Fußgängerzone in der Altstadt.

1975 Eröffnung der Teilstrecke Eben im Pongau–Rennweg in Kärnten der Tauernautobahn am 21. Juni.

1976 Eröffnung einer Tiefgarage beim Schloß Mirabell. – Der Um- und Neubau des „Alten Borromäums" für Zwecke der Hochschule für Musik und darstellende Kunst Mozarteum geht seiner Vollendung entgegen. Das Altstadterhaltungsgesetz wird novelliert, Landschaftsschutzgebiete und ein Ortsbildschutzgesetz werden geschaffen. – Landeshauptmann Dipl.-Ing. DDr. Hans Lechner vollendet das 15. Jahr seiner erfolgreichen Amtstätigkeit.

1977 24. Jänner. Expertentreffen der „Pro Austria Nostra" zum Thema „Leben in Fußgängerzonen".

26. August. Vereinigte Bürgerinitiativen – „Rettet Salzburg" – nehmen Tätigkeit auf.

1978 24. April. Gründungsversammlung der „Europäischen Demokratischen Union", EDU, im Kongreßhaus.

21. Dezember. Vertragsunterzeichnung über ein von Stadt und Land Salzburg zu errichtendes Freilichtmuseum in Großgmain.

1980 6. Februar. Der Salzburger Landtag beschließt Novelle zum Salzburger Altstadterhaltungsgesetz 1967.

4. März. Olympiasiegerin Annemarie Moser und Bronzemedaillengewinner Hans Enn, Teilnehmer an der Winterolympiade in Lake Placid, USA, werden am Salzburger Flughafen begrüßt.

22. April. Treffen des mexikanischen Außenministers Jorge Castaneda mit dem Vorsitzenden der Sozialistischen Internationale, Willi Brandt, und Bundeskanzler Dr. Bruno Kreisky auf Schloß Kleßheim.

25. Juli. Erstmals findet ein „Fest zur Festspieleröffnung" auf sämtlichen Altstadtplätzen statt.

11. November. Volksbegehren „Atomkraftwerk Zwentendorf": insgesamt abgegeben 8759 Stimmen, pro Zwentendorf 5477 Stimmen, kontra Zwentendorf 3282 Stimmen.

1981 13. Februar. Wiederauffindung einer Mozart-Symphonie, von der nur die ersten 15 Takte der ersten Violine bekannt waren.

1982 25. Februar. Salzburg steht in der Weltreihung der Kongreßstädte an 20. Stelle.

8. August. Uraufführung des dramatischen Gedichtes „Über die Dörfer" von Peter Handke in der Felsenreitschule im Rahmen der Festspiele.

10. November. „Kinderdorf für Sozialwaisen" tritt Nachfolge der vor zehn Jahren aufgelösten Jugendauffangstelle an.

1983 31. Mai. Als erste österreichische Landeshauptstadt hat Salzburg „Katastrophenschutzplan".

1984 Eröffnung des „Teilzeitservices" des Arbeitsamtes am 1. März.

Eröffnung der ersten bleifreien Tankstelle Österreichs am 4. Juni.

Orts- und Sachwortregister
zu den Abbildungen